GNOSIS UND SPÄTANTIKE
RELIGIONSGESCHICHTE

REGISTER

NAG HAMMADI
AND
MANICHAEAN STUDIES

FORMERLY

NAG HAMMADI STUDIES

EDITED BY

J.M. ROBINSON & H.J. KLIMKEIT

Editorial Board

H.W. Attridge, R. Cameron, W.-P. Funk, C.W. Hedrick,
H. Jackson, P. Nagel, J. van Oort, D.M. Parrott, B.A. Pearson, K. Rudolph,
H.-M. Schenke, W. Sundermann

XLII

GNOSIS UND SPÄTANTIKE
RELIGIONSGESCHICHTE
REGISTER

GNOSIS UND SPÄTANTIKE RELIGIONSGESCHICHTE

GESAMMELTE AUFSÄTZE

VON

KURT RUDOLPH

REGISTER

E.J. BRILL

LEIDEN · NEW YORK · KÖLN

1996

The paper in this book meets the guidelines for permanence and durability of the
Committee on Production Guidelines for Book Longevity of the Council on Library
Resources.

Library of Congress Cataloging-in-Publication Data

Rudolph, Kurt.
   Gnosis und spätantike Religionsgeschichte : gesammelte Aufsätze /
by Kurt Rudolph.
      p.   cm. — (Nag Hammadi and Manichaean studies, ISSN 0929-2470
 ; 42)
   Includes bibliographical references and index.
   ISBN 9004106251 (cloth : alk. paper)
    1. Gnosticism. 2. Mandaeans. 3. Manchaeism. I. Title.
II. Series.
BT1390.R769   1996
299'.932—dc20
                                         96-26930
                                           CIP

Die Deutsche Bibliothek – CIP-Einheitsaufnahme

Rudolph, Kurt
Gnosis und spätantike Religionsgeschichte : gesammelte
Aufsätze / by Kurt Rudolph. – Leiden ; New York ; Köln :
Brill, 1996
  (Nag Hammadi and Manichaean studies : 42)
  ISBN 90-04-10625-1
NE: GT

ISSN 0929-2470
ISBN 90 04 10625 1

PRINTED IN THE NETHERLANDS

INHALT

AUTORENREGISTER

Abramowski, R.	505 (A) , 507, 517 (A)	Bryder, P.	715, 736f, 757, 779
Adam, A.	152, 167(A), 518(A), 730	Buber, M.	774
		Buckley, J. J.	543, 609f
Alfaric, P.	729, 741	Bultmannn, R.	37, 40, 42, 256, 302, 307, 326, 339, 381, 404f, 459, 461, 505, 508, 536f, 774-777
Allberry, C. R. C.	633, 727		
Alsohairy, S.	432(A), 556(A)		
Andresen, C.	731		
Arnold-Döben, V.	738	Burkitt, F. C.	460, 475, 629
Asmussen, J. P.	701, 739		
		Caquot, A.	417
Baaren, Th. P. van	55f, 147f	Carmignac, J.	503-507, 518, 535
Baetke, W.	485(A)	Chavannes, E.	737
Bammel, E.	335, 411	Chwolsohn, D.	615
Barc, B.	143, 207	Cirillo, L.	615, 617, 693, 728f
Bardtke,	530	Collins, J. J.	77(A)
Bardy, G.	104	Colpe, C.	20, 45-49, 145(A), 672, 738
Bauer, W.	256, 281, 326, 339, 405, 461		
		Corbin, H.	291
Baumgartner, W.	379, 460, 514	Coxon, P. W.	387(A), 424
Baumstark, A.	476	Cumont, F.	779
Baur, F. C.	6, 12, 35	Curtius, E. R.	92
Baring, D.	90		
Barnard, J. H.	522	Daniélou, J.	145(A), 503
Bethge, H. -B.	202	Decret, F.	241, 738
Bianchi, U.	54, 145(A), 147	Delcor	520
Bickermann, E.	259(A)	Derrida, J.	222f, 230
Bleeker, C. J.	145(A)	Dietrich, M.	379(A), 426f
Blochet, E.	291	Dörrie, H.	16
Böhlig, A.	8, 115, 158, 433, 450, 456, 631-633, 701, 726, 730, 779	Dörries, H.	106(A)
		Dornseiff, F.	43
		Doresse, J.	8, 323, 433, 636
Böhme, J.	12	Drower, Lady E. S.	308-311, 15, 328, 337f, 341, 343-348, 350, 352, 356, 358, 361, 370, 379-381, 400f, 409, 463, 538-540, 542-544, 552, 556f, 559f, 564, 566
Bousset, W.	3, 26, 34, 36f, 45, 99, 301, 322, 339, 373, 459, 539, 777		
Boyce, M.	725, 732, 736, 741		
Brandt, W.	301, 306, 316f, 337, 347, 351, 370-373, 375, 377, 379, 397, 404, 459f, 539, 583, 618, 621f, 625, 673(A)		
		Dupont-Sommer, A.	522, 525, 533
Braun, F. M.	503, 518	Eibl, H.	28
Brox, N.	52(A)	Eliade, M.	97, 258
Bruckner, A.	738	Euting, J.	342, 347

Fackelmann, A.	390(A), 667
Festugière, A.	120
Filippani-Ranconi, P.	296
Filoramo, G.	198, 206
Flügel, G.	614, 672
Flusser, D.	679(A)
Foerster, W.	301, 320, 359
Frerichs, E. S.	481
Friedländer, M.	154, 160
Frye, R. N.	728
Funk, W. -P.	450
Furlani	364
Gaffron, H. -G.	450
Gimaret, D.	733
Giversen, S.	621, 727
Gnoli, Gh.	708
Goethe, J. W.	xii, 220
Goodenough, E. R.	158, 392
Gordon, C. H.	544
Graetz, H.	154
Grant, R. M.	167(A)
Greschat, H. -J.	478
Gressmann, H.	505
Grimme	518
Gruppe, O.	98
Gunkel, H.	525
Haardt, R.	301
Hadot, J.	731
Halm, H.	291-298
Harnack, A. (von)	3, 6, 61, 116 (A), 268, 278, 504, 518, 777
Harris, J.	503, 518
Hauer, J. W.	97
Hedrick, C. W.	207
Hegel, G. W. F.	12
Heidegger, M.	774f, 777f
Heiler, F.	97, 258
Henning, W. B.	386, 424, 724f, 732, 736, 741
Henrichs, A.	390(A), 617, 667, 690f, 694, 729
Herder, J. G.	10, 29, 99
Hoffmann, M.	104f
Holm-Nielsen, S.	518f
Holzhausen, J.	143
Hornung, E.	494(A), 496-500
Horst, P. W. von der	731
Husserl, E.	774
Irmscher, J.	358
Jolivet, R.	731
Jonas, H.	26, 38, 42, 54, 80, 137(A), 140(A), 145(A), 148, 225, 287, 301-307, 324, 434, 458f, 505, 514, 532, 536, 631, 708f, 763, 774-777 (Leben und Werk)
Jourjon, M.	731
Ivanow, W.	291, 296
Jung, C. G.	7, 53
Käsemann, E.	459
Kant, I.	15, 242f, 774
Kasser, R.	727
Kees, H.	493
Kessler, K.	379, 460, 475, 629, 732
Kippenberg, H. G.	67f, 98, 231, 259(A), 695
Klima, O.	74, 630, 741
Klimkeit, H. -J.	726, 728, 737, 739
Koenen, L.	390(A), 601(A), 617, 666, 667f, 678(A), 690, 729, 739, 741
Köstlin	116(A)
Kraeling	461
Krause, M.	8, 158, 196(A), 438, 493, 727
Kroll, J.	366
Krüger, G.	505
Lamī'a 'Abbās 'Amāra	432(A), 565
Labib, P.	323
Lagrange, M. -J.	303, 461
Le Coq, A. von	728
Leeuw, G. van der	97
Lehmann, E.	629, 699
Leisegang, H.	301
Leipoldt, J.	8
Lenin, W. I.	90
Lentz, W.	657, 709f, 715, 718, 725
Lewis, B.	291
Lidzbarski, M.	131f(A), 217, 302,

	306f, 312, 315f,		199f, 634, 677(A),
	322, 330, 337f,		711, 718(A)
	342, 351f, 359-361,	Naveh, J.	386, 424, 544
	370, 373-375, 379-	Neusner, J.	156, 481
	381, 385, 387,	Niebuhr, C.	243
	404f, 415-417, 423,	Nock, A. D.	37, 42, 629
	459, 461, 539-542,	Nöldeke, Th.	315, 337, 350, 370,
	544, 550, 567, 774		459, 539, 618
Lietzmann, H.	320, 381, 460, 476,	Norberg, M.	350, 542
	554	Norden, E.	774
Lieu, S. N. C.	715, 730f, 737,	Nyberg, H. S.	629, 724
	739, 741, 757, 779		
Loisy, A.	381, 460, 539	Oepke, A.	493
Lopez, E.	327	Osten-Sacken,	
Luttikhuizen, G. P.	615, 617, 694	P. von der	186(A)
		Otto, R.	97,258
MacRae, G.	441		
Macuch, R.	311f, 315f, 327-	Pallis, S. A.	307, 370
	329, 331, 338, 356,	Petersen, V. S.	316, 370, 375-377,
	358, 360(A), 361,		404, 430, 461,
	370f, 379-391, 400,		477(A)
	408(A), 409f, 415-	Pelliot, P.	737
	419, 421, 424,	Percy, E.	460, 474
	461f, 540f, 544,	Petermann, H.	351, 356, 359, 538,
	546, 559, 567, 608-		542
	610	Peterson, E.	307, 313, 460
Madelung, W.	291f	Poertner, B.	347
Maenchen-		Pognon, H.	313, 337, 355, 361,
Helfen, O.	733		544
Maier, J.	156f, 190f, 527(A),	Pokorny, P.	54, 67
	530, 536	Polotsky, H. J.	629, 633, 683, 718,
Mancini, A. C.	729		724, 726f, 779
Mann, H.	92	Puech, H. -Ch.	7f, 143, 460, 630f,
Mannheim, K.	92, 94		636, 640, 651,
Mansfeld, J.	731		676(A)
Mansoor	527, 530		
Margalioth, M.	158, 392	Quispel, G.	38, 53, 123, 139,
Marrou, H. J.	145(A)		325(A), 631, 676(A)
Marx, K.	77, 80		
Massignon, L.	291	Rad, G. von	164f, 183f, 186(A),
McCullough, W. S.	544		188
Mensching, G.	97, 258	Radin, P.	96
Merkelbach, R.	617, 729	Reicke, B.	527
Mirecki, P. A.	727	Reitzenstein, R.	3, 26, 130(A),
Monnet, G.	733		135(A), 302, 307,
Montgomery, J. A.	313, 544		316, 322, 324,
Morenz, S.	107(A), 435,		373f, 379, 404,
	485(A), 493, 501		437, 459, 461, 505,
Morgan, J. de	356f		506, 539, 529, 650,
Müller, F. W. K.	725		774, 777
		Ries, J.	734
Nagel, P.	8, 9, 80, 196(A),	Roberts, C.	280

Robinson, J. M.	8, 386(A), 436(A), 727	Strothmann, R.	291
Röhrborn, K.	726	Stroumsa, G. G.	100(A)
Römer, C.	617, 729	Sundermann, W.	673(A), 683, 701, 706f, 716, 725, 728, 732f, 736, 738f, 757, 779
Roselli, A.	729		
Rosenthal, F.	380f, 405, 461		
Säve-Söderberg, T.	322, 377, 389, 406, 460-462, 545, 618,	Taqizadeh, H.	732
		Testuz, M.	503
Salemann, C.	732	Theißen, G.	67-70
Schaeder, H. H.	381, 461, 629, 662, 701, 707, 724, 734-736, 756, 780,	Tijdens, E. F.	297
		Tondelli	460
		Tongerloo, A. van	738, 741
Schelling, F. W. J.	12	Topitsch, E.	102
Schenke, H. -M.	8, 59, 115, 143, 158, 436(A)	Tröger, K. -W.	190
		Trunz, E.	220
Schlier, H.	307, 370, 459, 505, 522,	Villey, A.	731
		Vööbus, A.	740
Schmidt, C.	7, 116(A), 118(A), 227, 724, 726	Vramming, Y.	730
Schmidt-Glintzer, H.	728	Wach, J.	97
Schmithals, W.	52(A)	Waldschmidt, E.	657
Schneemelcher, W.	52(A)	Weber, M.	68, 70, 77, 79(A), 92f, 95, 98-100, 150, 150, 151f(A), 152, 189
Schoeps, H. -J.	155		
Scholem, G.	138, 155f, 392,		
Schubert, W.	151(A)		
Schubert, K.	155, 161	Wellhausen, J.	505
Schulz, S.	506f	Werner, E.	485(A)
Schweizer, E.	459, 475	Widengren, G.	36, 145(A), 322, 370, 377-379, 410, 460-462, 522, 618, 629, 631, 650, 701, 710, 718
Segelberg, E.	321f, 391, 399, 404, 410, 420, 450, 523, 613, 681(A)		
Shils, E.	92, 95f		
Shimin, G.	726f	Wilson, R. M.	37-43, 52
Siegert, F.	195	Windisch, H.	474
Simmel, G.	92, 220-223, 230	Wisse, F.	49f
Simon, M.	145(A)	Wushu, L.	715, 727f
Siouffi, M. N.	538		
Shirazi, A.	732	Yamauchi, E. M.	379(A), 408(A), 429(A)
Smith, J. Z.	481f		
Smith, M.	45, 316		
Spuler, B.	557	Zandee, J.	494(A)
Staerk, W.	139, 461	Zieme, P.	726, 732, 739
Stern, S. M.	291	Zola, E.	91

NAMEN- UND SACHREGISTER

Abaddon 532
Abathur 133, 135, 251, 310, 318, 364f, 395f, 500
Abbasidenherrschaft 239
Abbasidenzeit 64, 753
Abbild 28, 128, 129, 130, 131, 134, 135(A), 136, 140, 141(A), 142(A), 213, 237, 319, 368, 439f, 444, 448, 495, 509, 523, 624, 640, 662, 675, 703, 755
'Abdallah aus Ḫūzistān 295
'Abdullah bar Šaiḫ Sam 557f
'Abdullah b. 'Umar al-Hamdānī 293
'Abdullah ibn Saba 13
Abel 194(A), 202, 294, 319, 346f, 349f, 357, 421, 421, 480, 563, 623
Abendmahl 263, 472
Abfall 171
Abgar IX. v.Edessa 101
Abiesus 692
Abizachias / Abzakija 671
Abraham 203, 357, 761
Abraxasgemmen 314
Abschreiber / Abschreiben 360f
Abschreiberliste 610 s.Kolophone
Abschwörungsformeln 708, 729f, 753
Absonderung 223
Abū Hātim ar Rāzī 293
Abū 'l-Haṭṭāb (gest. 755) 296
Abū 'Īsā al-Muršīd 292, 296
Abū Muḥsin 292
Abū Ya' qūb as-Siǧistānī 293
Achmimisch 633
Actaliteratur 215
Acta Pauli 634, 636
Actae Thurmae 7
Adakas 319, 367f
    Adakas-Mana 132, 134, 367
    Adakas-Ziva 135f, 442
Adam 4, 20, 47, 113, 123-127, 130-142, 162(A), 194(A), 202f, 208, 217, 229f, 236, 294, 296, 318f, 349f, 366-369, 394f, 398, 421, 429, 439, 441, 444f, 449, 453, 465, 480, 495, 514, 548, 554, 563, 581, 640, 642-645, 649, 662f, 706, 759f

himmlischer 293f
    Adamlegende 367f
    Licht-Adam 640-642, 663
Adam-S'haq 345f
Adam Sul Faradsch 357
Adamas 117, 130, 135(A), 136, 441, 640, 720
    Licht-Adamas 759f
Adamiten 77, 206f, 317, 319, 368, 394, 440, 443, 446, 449, 612
Adapa 249
Adatān 456
Addas 286, 288, 750, 752
Adiabene 415, 421
Adiaphora 232
Adō 421
Adōnai 394, 412, 414, 483, 495, 550
Adoptionsvorstellungen 267
Ägypten-ägyptisch 7-9, 11, 58, 62, 75, 122, 154, 196(A), 244f, 247, 249, 278-288, 290, 414, 485(A), 492-502, 634, 636, 699, 704, 735, 737, 750, 753
    Oberägypten 281, 286, 288
    Ägyptologie 377
    Ägyptomanie 280
Ägypterevangelium (EvÄg NHC III,2 / IV,2) 281, 283, 407, 451, 662
Ältesten 188
Äon(en) 74, 113, 115f, 157(A), 161, 171f, 186, 237, 437, 443, 447, 454, 516, 653, 661, 706, 758, 761
    Äonenemanation 638
    Lichtäonen 651
Äther 346, 454, 759
Āfrem von Edessa 289, 580, 591, 658, 708, 719, 730, 733
Agha Khan 13
Agnoia 440
Agnostos Theos 166, 178, 185, 202, 202, 206, 226, 293, 438, 456, 528, 638, 661, 720
    fremder Gott 185
Aḥamoth / Achamoth 163, 170f
Ahl-i Haqq 155(A)
Ahiman 706, 708f, 712, 760

Ahwāz   357, 562, 567, 609(A)
Akhmin   288
Akkad / akkadisch   354
    Akkaddisch   427, 458
Akuas   753
al-Hasīḥ   614, 674
Alāhā   372
Alawiten   13
al-Bīrūnī   239, 761
Alexander d. Gr.   4, 188, 244, 602,
Alexander von Lycopolis /
    Lykopolis   288, 634, 717, 730f,
    779
Alexandria   9, 70f, 75, 82, 278, 281,
    284f, 279(A)
Alf Trisār Šuiale (The Thousand and
    Twelve Questions)   293, 308, 345,
    543
Algerien   729
Alkibiades   584f, 588
al-Kirmānī   295f
Allegorie   158, 199f, 265
    allegorische Auslegung   205
Alma rišaja zuta (Kleine erste
    Welt)   346
Alma rišaja rba (Große erste Welt)   543
Almohaden   242
al Murtadā   761
al Qummī   296
Altes Testament (AT)   36, 112, 123,
    127f, 139, 156, 159, 161, 170, 182,
    184, 190-192, 194, 196-204, 280,
    365f, 375, 463, 519, 525, 658, 694
    koptisches   196(A)
Amāra   357, 400(A)
Amduat   396
Amahraspands / Amǝša spǝntas   703,
    706, 709f
Ammon   120
Amulett   354, 356
Amūnel   466
Ana   692
Anapathmoi Jakobu   597
Anachoreten   487, 619
Anānā ḏnhūrā (Lichtwolke)   368
Andersheit   481-483, 491
    Andersgläubige   490
Angelologie   161, 186
Anguinesgemmen   314
al-Ḥaṭṭāb b. al-Ḥasan al Hamdānī   293
Andreas   110, 113, 117
an-Nasafī   292f

Anomismus   160
Anōš   132, 294, 317, 319, 352, 368,
    375, 440, 446, 449, 465f, 474, 480,
    495, 549, 612
    Anōš-Uthra   216, 218, 265
Anōš bar Danqa   331, 336, 415
    Ant(n)ōš bar Danqa   389
Anthropogonie   128, 142, 159, 182,
    198, 230, 318, 363, 367f, 393, 445,
    663
Anthropologie   19, 50, 53, 74, 76, 80,
    135f, 138, 140, 293, 722
Anthroposlehre   159
Anthroposmythos   74, 123-143, 292,
    319, 367f, 394, 429, 444, 640, 662f,
    709
Anthroposinschrift   261
Antibilder   454
Antichristentum / antichristlich   463,
    468, 470-474, 481, 485-489, 550
Antijudaismus
    christlicher   376
    mandäischer   473F, 481, 483-
    485, 550, 552
Antike   59, 70, 76, 95
    Spätantike   145f, 182
Antikosmismus   27, 74
Antinomismus   159f
Antiochia   259
Aniochien   75
Antiochus III.   187
Antonios der Eremit   286f
Apelles   284
Apokalypse   225, 238, 266, 656
Apokalypse Adams / Adamsapokalypse
    (ApcAd NHC V 5)   202f, 206,
    212, 229f, 326, 394f, 407, 433 435f,
    610, 637, 660, 665
Apokalypse des Paulus (ApcP)   108f,
    115, 119, 664
Apokalypse des Petrus (ApcPetr)   226,
    437
Apokalyptik   27, 48(A), 76, 161f, 167,
    177, 179, 182, 186-189, 198, 225,
    335, 573, 653, 689
    jüdische   122, 528, 602
Apokryphen   225, 249, 335, 658f
Apokryphon (Geheimlehre) des
    Johannes (AJ: NHC II 1, III 1, IV
    1, BG 8502,2)   7, 9, 51, 108f, 111-
    113, 116(A), 119, 123, 126f, 128(A),
    129, 135f, 140, 141(A), 142, 146,

199f, 202, 206f, 212, 226f, 229,
269, 283, 326, 435f, 441, 637, 640,
660-665, 721
  Datierung 335
Appolos 279, 285
Apologeten 260, 269, 273
Apologetik 288, 473
Apophtegmata 106, 120
Apostel 107, 110, 115, 118, 244-246,
262, 265f, 285, 288, 717, 752, 755,
762-763
  Aposteltum 237
  apostolisch 229
  Apostolizität 263
Apostelakten 636, 683
Apostelgeschichte (Apg) 279
Apostelgeschichten, apokryphe 244
Apostolische Konstitutionen 574f, 591
Apostolische Väter 51
Apostolische Briefe (EpApost) 229
Arabien / arabisch 58, 357, 379(A),
698, 753
  Araber 415, 564
  Arabisch 353, 397
Aramäisch 425-428, 518, 584, 714,
755
  Aramäisch-Syrisch 58, 71, 719
  aramäisch 385, 424, 435
  aramäische Schrift 425f, 458
  Aramäismen 208
  Aramaisten / Aramaistik 340,
  386
Arbeit 764
Archegos 752f, 763
Archeologie 426
Archigenetor 230
Archon 642, 663
Archonten 73, 118, 124-126, 128,
130, 132(A), 135(A), 136, 140, 213,
226, 230, 233, 250, 444-447, 639-
642, 644, 663, 760
  Archonten-Gott 203
  Archontiker 202
Ardaschir I. (224-239/240) 235, 410,
670, 704, 749
Ardban 329, 349, 410, 412, 414, 548,
612
Ārdhang 289, 756
Aristobulos 175(A)
Ariston von Pella 120
Aristoteles 15, 676(A), 714, 719
Armenien 246, 753,

Armenpflege 263
Arrian 581
Arsakiden 335, 382, 410, 549
Artaban II. (10/11-38 n.Chr.) 329,
335, 349, 410, 549
Artaban III. (um 79-81) 335, 349,
382, 549
Artaban IV. (213-224) 329, 336, 349,
410, 549
Arzt 756, 762
Asklepios 120
Asganda 331, 388, 415
Aserbaidschan 246
Askalon 501
Askese 51, 73, 214, 233, 264, 285f,
289(A), 320, 396, 487f, 763-766
  Asketen 254
Assassinen 13
Assiut 71, 634, 668
Assyrer 130, 248
Astarte 175
Astrologie 71, 25, 309, 353f, 589
  Astrologen 333
Athanasios von Alexandria 286f
Atlas 759
Auditores 241, 763, 765f
Aufstieg 766
Aufstiegsmysterien 230, 454
Auferstehung 10, 49, 109, 115, 213,
227f, 268, 694
  Auferstandener 229
Augustin(us) 10, 105, 238, 240f, 288,
711, 718, 730f, 738, 766, 779
Aurel, Marc 97
Auseinandersetzungsliteratur 122
Auserwählte 229, 237, 444, 449, 652f
Auslegung 10, 238
  pneumatische 212
  Protest-Exegese 21
Auslegung der Gnosis (NHC IX 1)
283
Außenwelt 220
Australien 566
Autogenes 454f
Autorität 212
Avesta 710
Awida 121
Āz 706, 760
'Azīz 'Azūn 357
Azteken 145

Ba   494
Baath-Regierung   556, 561
Babylon / babylonisch   154, 248, 355,
    372, 378, 381, 393, 403, 612, 752f
    Babylonien   245, 328f, 354,
        374, 382, 384, 413, 585, 590
    Südbabylonien   426, 599
Bagdād   334, 344, 360(A), 400f, 412,
    538, 544, 557, 562, 568
Bahrām / Vahram I. (273-276)   248,
    612, 704, 751
Bahram II. (276-293)   752
Bajān-Hībil bar Brīk-Jāwer   388
baʿlšamin   364
Bāmyazd   759
Bannus   580, 687
Baraies   390(A), 674, 691
Barbelô   455, 639, 662, 720
Barbelô-Gnostiker   153, 163, 171,
    199, 293f, 434, 660
Bardesanes / Bardaiṣan   62, 71, 98,
    101, 105, 121, 239, 657f, 683, 719-
    721, 749
Bar-Kochba   462
Barnabasbrief   281
Baruch   188, 202
Baruchapokalypsen   122
Baruchbuch des Justinos   199, 200,
    202f, 207, 651
Baruchgnosis   138, 141(A), 160
Basilides   62, 98, 211, 232f, 270, 284,
    676(A)
    Basilidianer   29
Baṣra   295, 334, 400f(A), 538, 566
Baum   521, 523f
    Baum der Erkenntnis   643,
        659, 721
Baṭṭai   421
Befreiung   4, 21, 51, 76, 206, 230,
    249, 251, 318f, 321, 396, 713, 723,
    758f
    Befreier   254
    Befreiung Adams aus der
        Ananḳē   313
Begierde   125, 274, 446, 452, 640,
    661, 706
Begräbnis   345, 472
Beichte   764, 766
Beischlaf   586
    Geschlechtsverkehr   597, 764
Bekehrung   230f, 505
    Bekehrungsreligion   211

Bekenntnis   216, 219, 231
    Bekenntnisreligion   57, 104
Bēlapāt (Gundeschahpur)   248, 704,
    751
Belial   529
Beliar   161
Bēmā-Bild   733
    – Fest   765f
    – Psalmen   237, 648, 677
    – Sitz   237
    – Tisch   236
Ben Sira   189(A)
Berliner Medīnet Mādi
    Handschriten   727
Berliner Turfantexte (BTT)   725f
Berufungen (drei)   758
Beschneidung   491, 550, 585
Beschwörung   353
Bēth-Amajê   421
Bhagavadgita   96
Bhīrā bar Šitil   412, 415
Bibel / biblisch   190f, 193f, 197-199,
    201, 204f, 265, 304, 365, 445
    Bibelexegese   208, 736
    Bibelkenntnis   194
    Bibelrezeption   195f, 197, 200,
        204f, 209, 445, 475, 485
Bihrām   495f
Bild   124, 127, 129, 138, 162(A), 324,
    437, 509
    Bilderbuch   756
    Bildersprache   443, 447
    Bilderrollen   543, 563
Bischof   262f, 344, 357, 560, 763
    alexandrinischer   278, 284
    Bischofssystem   11
Bitterkeit   509, 532
Bizbat   552
Bleischalen / Bleitafeln /
    Bleirollen   354f, 387(A), 388, 416-
    419, 543
Blut   132, 464f
Bodmerpapyri   196(A)
    Papyrus Bodmer XI   503, 518
    Bodmer-Sammlungen   284
Böse   10, 19f, 27, 129, 138, 264, 286,
    506, 709, 757
    die Bösen   133f, 509
    Bosheit   509, 532, 587
Bogumilen   11, 58, 77
Bohras   13
Borboriten   199

Bote (siehe auch Gesandter) 5, 21,
134, 218, 252, 437, 440, 550
Brāḥmanas 364
Brahmanen 422
Brautgemach 25, 442, 450, 509
Brief 266, 509, 756
Brot 236, 594
Bruder 509
    Bruderwesen 222
Buch 754f
    Buch des Gadana
      (Glückseligen) 342
    Buch des Herrn der Größe
      (Sidra d'mara
      d'rabuta) 350
    Buch des Lebens 271
    Buch der Mysterien 238, 755f
    Buch der Seelen (Sidra
      d'nismata) 341
    Buch der zwei Prinzipien 755
    Buch der Tierkreiszeichen (Sfar
      /Asfar Malwašê) 351(A),
      352f
    Bücher des Jeu 6f, 108, 119,
      283, 310
    Jeu I. 109, 118
    Jeu II. 118
    Buchkunst 767f
    Buchreligion 56f, 60, 351, 563,
      742
Buddha 60, 240(A), 289, 651, 656,
698, 754, 761f
    Buddha Maitreya 757, 761
    Buddhismus / buddhistisch 24,
      55, 145, 211, 240, 698, 737,
      739, 742, 753f, 763
    Buddhisten 422
Bultmann-Schule 36, 146, 404
Byzantiner / byzantinisch /
    Byzanz 218, 470, 486

Cassianus, Julius 261
Celsus 44, 260
Cerinthos / Kerinth 42, 76
Chaldäer / chaldäisch 130, 309, 353,
371, 419, 562
Chaos 19, 73, 165f, 178, 184f, 318,
364, 429, 438, 441, 444f
    Chaosmeer 394
    Chaoswasser 438
Charakene 382, 423, 551

    charakenische Schrift 425
Chenoboskion 8, 281, 633
Cheste-Beatty-Sammlungen 284, 621,
633, 727
China 11, 58, 71, 78, 239f, 657, 698,
718, 726-728, 736f, 753f, 763
    Chinesisch 755
    Sinica 194, 732
Christentum / christlich 12, 18, 26,
36, 38f, 41, 43, 45-53, 55f, 61-65,
77, 99, 103, 106, 139(A), 145, 147,
149, 154, 177, 180, 190-193, 197,
205, 208f, 210f, 232, 242, 244, 249,
256f, 259-274, 285, 314, 332, 339f,
371-376, 382, 397, 404, 416, 431,
451, 458, 463, 468-477, 481, 487-
491, 507, 535, 570, 579, 586, 592,
595f, 599f, 626, 631, 647, 675, 686,
698, 700, 734f, 742, 753, 778
    Urchristentum 169, 179, 570
    Entstehung 279, 281
    Selbstdefinition 273
    Selbstverständnis 259f
    koptisches /ägyptisches 284-286
    orientalisches 339
    orthodoxes 9
    Christen 214, 232, 254, 259-
      261, 279, 306, 422, 549,
      554, 564f, 612, 619
    Christianer 259-261, 471
Christentumsgeschichte 4, 41, 45, 52,
257, 259
    Christianisierung 160, 204,
      538
Christologie 48, 51, 177, 241, 266-272,
504, 507, 585, 631, 648, 664f
Christus 10, 47, 49, 61, 63, 107, 109,
111f, 116, 126, 164, 171, 177, 200,
202, 206, 216-218, 226, 260f, 263,
266-272, 286, 319, 412-414, 442,
445, 447, 463-469, 471f, 486f, 495,
507, 550, 619, 638, 640, 644f, 647,
662, 675, 677(A), 700, 720
    Christusknabe 115
    Christus-Legende 312, 418
    Christus-Seth 444
    Christus-Paulis 472
    Lügen-Christus 216, 465f, 486f
Chūrasān 240, 247f, 704, 753
Cicero 94, 103, 151(A)
Clemens v. Alexandria 6, 10, 23, 45,
62, 227, 281f, 284

Clemensbrief, 2.   281
Codex Jung (Cairensis Gnosticus CG
    1)   7f, 633, 647
The Coronation of the Great Šišlam
    308
Corpus Hermeticum (CH) / Hermetica
    6, 61, 121, 209(A), 283, 285, 721
    hermetische Schriften / Texte
    105, 196(A)
Corpus Johanneum   47, 49-51, 411,
    610
Corpus Paulinum   47, 48f, 720,
Corpus textorum et inscriptionum
    Manichaeorum   731f
Curiositas   213

Dämon(en)   166, 185, 202f, 217, 310,
    321, 347, 354, 437, 445, 451f, 463,
    473, 483, 490, 509, 550, 586, 623,
    641, 706, 709, 754, 760
    Dämonisierung   395, 550
Dänemark   563
Daḫlaica, koptische   xi
Daiṣaniten / Daïṣanījūn   658
Dakhleh-Oase   608, 748
Dana Nuk   357
Daniel   188
Danklieder   505, 519
Dasein   166, 211, 455
    Daseinsbewältigung   189
    Daseinshaltung   149, 166
    Daseinsverständnis   171, 302,
    777
David   117, 197, 203, 217, 357
Demetrius I. (189-231)   278
Demiurg   4, 19f, 24, 27f, 73, 113,
    125-129, 135f, 138(A), 141(A), 142,
    163(A), 166, 171, 178, 198, 201f,
    206, 215, 226, 229, 264, 292f, 310,
    313, 318f, 429, 437f, 446, 456, 496,
    506, 759
    mandäischer   364-366
    jüdischer   394
Denken   232, 273, 707
Derdekeas   444f, 449, 452
Descensus-Mythus   406
Determinismus   184, 186
Deuteronomium (Dt)   198, 280
Deuteropaulinische Briefe   51
Deutschland   91, 563
Dēws   464f, 469

Diadochen   602
Diakon   263
Dialog   228, 266, 621
    Formgeschichte   103-107, 119-
    122, 477
    gnostischer   108-119
    interreligiöser   482
Dialog des Soter (DialSot NHC III 5)
    283, 407
Diatribe   104, 122
Didymos v. Alexandrien (der Blinde)
    282, 288, 630
Diesseits   211, 229, 251
Diokletian (284-305)   239, 288, 730,
    753
Dionysoskult   279(A)
Disfūl   562
Dishna   196(A), 281, 284
Divinisierung   174f
Diwan   340, 347
    Diwan des Abathur (Progress
    through the Purgatories)   251,
    308, 310, 347, 495, 538, 540,
    543, 555
    Dīwān des erhabenen Königtums
    (Dīwān Malkuta 'elaīta)   346,
    543, 609
    Dīwān Masbuta dHibil-Ziwa
    (Diwan der Taufe des Glanz-
    Hibil)   346, 543
    Diwan ḍNahrawata (Diwan der
    Flüsse)   311, 329, 348, 411,
    413, 420, 543, 609
    Diwan der großen Offenbarung
    (Dīwān d' galalta rabtia)   311,
    348
    Diwan der großen Quelle   342
    Diwan der 1012 Fragen   345
Doketismus   49, 267, 272
    Doketen   268
Dositheus   159
Dosthäer / Dositheaner   420f, 545,
    576, 591, 615
Drache   364, 510, 622f, 760
Dravša   563
Drei Stelen des Seth (NHC VII 5)
    660f
Dreiteiliger Traktat (TracTrip NHC I
    5)   204, 226, 283
Dreyfus-Affäre   91
Drower-Collection (D.C.)   540, 544
Drusen   13, 64, 296

Dualismus 4, 19f, 27f, 36, 48, 49f,
74f, 78, 99, 140, 145, 155, 161,
175f, 184, 186, 201, 212, 231, 257,
268, 364, 367, 397, 434, 483, 506,
531f, 537, 573, 631, 653, 659,
682(A), 684, 688, 699, 701, 708f,
712f, 743, 750, 757f, 777f
  Dualisten 12, 64, 240, 616,
  619
Duft 442, 510, 624
Dura-Europos 290
Dyas 287

Ea-Eridu-Kreis 377
Ebionäer / Ebioniten / ebionitisch
570f, 585, 591, 597f, 680, 687f
Echnaton 57, 97
Edessa 235, 655
Edikte 729f, 753f
Ehe 319, 396, 408(A), 429
  Ehegebot 585
  Ehelosigkeit 264
Eid 221
Eingeweihte / Electi 11, 221, 226,
236, 241f, 289, 525, 572, 624
Eisagoge 105
Ekstase 16, 113
El 394
Ēl-Rabbā 365
Elchasai / Elkasai 232(A), 333(A),
335, 390(A), 582-584, 587-590,
599-602, 607, 615-617, 656, 673-
675, 679, 683, 687-689, 692-697,
703, 749f
  Elchasaiten / Elkasaiten 231,
  241, 297, 325(A), 332,
  333(A), 390(A), 554, 570f,
  582-592, 597-600, 617f, 626,
  657f, 672-675, 678-680, 684,
  687, 692-697
  Elchasaismus 407, 462
Elementenlehre 658
Elia 203
Elisa b. Abuja gen. Aḥer 160
Elite 281, 399
Elohim 138, 159
Elymäis 423
  elymäische Schrift 385f,
  387(A), 424f, 458, 611
Emanation 19, 118, 171f, 206, 295,
317, 364, 638, 645, 647, 649, 661

emanationistisch 434
Endzeit 21, 23, 27, 161, 186, 349
Engel 124, 128f, 137f, 140, 142,
162(A), 166, 178, 185, 202f, 218,
264, 352, 444, 464, 514, 550, 583,
682
  Engel des Dienstes 140
  Schutzengel 750
England 6
Enkratismus 166, 285f, 694
  Enkrateia 286
Ennoia 163, 180, 439, 444, 645, 647,
720
Enos̆ / Enosch 429, 480, 761
Enthüllen 221
Entindividualisierung 222
Entrückung 228-230
Epagomenaetage 420
Epheserbrief 42, 49, 51
Ephesus 75, 279
Epiktet 581, 687
Epikuräer 16
Epinoia 180, 645-647
Epiphanie 229
Epiphanius von Salamis 6, 73,160,
284, 574f, 582, 585, 587, 589, 597f,
616
Epistula Apostolorum (Sendschreiben
der Apostel) 281f, 285
Epistula fundamenti 238, 731
Erde 125, 130, 137f, 142, 177, 181,
185, 255, 293, 310, 347, 365, 394,
449, 454, 486, 495, 640-642, 760
Erhard, Ludwig 90
Erkenntnis (siehe auch Wissen) 4,14-
24, 76, 99, 100, 174, 181, 183, 189,
202, 206, 215, 236, 319, 324, 452,
455, 493, 505, 520, 526, 528-531,
643, 659, 666, 758, 761
Erklärung / Erläuterung 342, 344
  Erklärung des Körpers (Tafsir
  pagra) 345
  Erläuterung des Aufrichtens der
  Krone des großen Sislam
  (Šarḥ d'ṭrasa d'Šišlam rba)
  343
  Erläuterung für die Eröffnung
  der Mandihütte (Šarḥ
  d'ptaha d'bimanda) 344
  Erläuterung des Hochzeitsrituals
  des großen Sislam (Šarḥ
  d'Qabin d'Šišlam) 343

Erläuterung des Jahresendfestes (Šarḥ d'Parwānājê) 344
Erläuterung des reinen Öls (Šarḥ d'miša dalia) 344
Erläuterung der großen Taufe (Šarḥ d'Maṣbūtā) 344
Erläuterung der Totengedächtniszeremonie des gerechten Einzigen (Šarḥ d'Dukrana d'Chadaia Zadiqa) 344
Erläuterung der (Zeremonie für die) Vorväter (Šarḥ d'Ṭabahata) 344
Erlebnis, mystisches 257f
Erleuchtung 17, 131f, 157(A), 520, 764
Erlöser 10, 27, 36, 45f, 48, 52, 72, 113, 162(A), 164, 213, 215, 226f, 229f, 237, 254, 266-272, 318f, 366-368, 372, 378, 395, 429, 437f, 441, 443-445, 466, 468, 506, 510-512, 528, 549, 649, 762
    Erlöserin 164
    Erlösergestalt 163, 212, 319, 325
    mandäische Erlöserlehre 474
    manichäische Erlöserlehre 649-652
    Erlösermythos 506
Erlösung 5, 10, 14, 16, 20, 21 -25, 27, 60, 76, 99, 100, 115, 117, 163(A), 164, 167, 171, 176, 181f, 186, 201, 206, 213, 215, 233, 236, 251, 272, 317, 319, 368, 376, 395, 527, 659, 688, 700, 711, 716, 757f
    Erlösungsidee 363
    Erlösungslehre 5, 123, 139(A),152 (A), 378, 465, 758-763
    Erlösungslieder 505
    Erlösungsreligiosität 151, 151f(A)
    Erlösungsreligion 152(A), 233, 377, 699
    Erlösungsruf 49, 396
Eros 641, 663
Erotapokriseis-Literatur 105-107, 120-122
Erscheinungen 229
Erste Jakobus Apokalypse (ApcJac) 108-110, 112, 115, 119

Erwählte / Electi 70, 82, 442, 525, 532f, 535, 619, 763-768
    Erwählte der Gerechtigkeit 480
Erweckung 20, 643
Erzählung 357
Eschatologie 23f, 186f, 196, 263, 429, 653f, 688, 705, 708, 762
    Eschatologisierung 601f
Esoterik 12, 49, 76, 99, 152(A), 154, 156-161, 164, 169, 224, 309, 398, 536
Esra 188
Esra, 4. 122
Essener 189(A), 279, 335, 376, 391, 525, 535, 537, 554, 570-573, 578, 591, 594, 601, 687f
Estrangela-Schrift 754
Ethik 25, 50, 74, 96, 211, 429, 716, 761, 764
Ethnarch 560
Ethos 473
Eucharistie 25, 263, 694
Eugnostosbrief (Eug NHC III 3 / V 1) 283
Euphrat 411, 470, 479, 538, 551, 584, 626
    Glanzeuphrat (fras-ziwa) 411, 551
Euseb v. Caesarea 120, 160, 273, 278f, 574
Eva 178, 202, 206, 230, 367f, 396, 480, 495, 548, 581, 642, 645, 663, 706
    himmlische 173, 200, 442, 639, 643, 661
Evangelien (NT) 48f, 51, 226, 264, 266, 595
Evangelium 63, 115, 201, 204, 266, 278
    Geistiges 265
    Großes / Lebendiges Evangelium 633, 669f, 755f
    Evangelium nach Maria (EvM BG 8502, 1) 108-110, 112f, 118f, 201(A), 227, 283, 664
    Evangelium Veritatis (EvVer NHC I 3 / XII 2) 19, 200, 226, 283, 435, 506, 633, 720
Ewigkeit 19, 166, 230
Exegese 190, 213, 265
    Exegese über die Seele (ExPsych NHC II 6) 212, 283, 435

Existenzverständnis 149
Exodus 197f, 280, 485
  mandäischer 380-385, 391,
    410, 412-415, 462, 551
Exorzismus 594
Exusiai (Gewalten) 73, 124f
Ezechiel 157, 197
  Ezechielvision 156
Eznik v. Kolb 733

Faijūm 634
Faktor, unvergänglicher 710
Fall (der Seele / des Geistes/ der
  Sophia) 178, 205f, 212, 215, 236,
  318, 324, 367f, 396, 446, 499
Familie 306, 313
Fasten 238, 471, 765
  Fastentage 236, 764f
Fāṭimiden 292, 295
Feldforschung 431
Felszeichnungen 733
Fessel 510
Feste 311, 338, 344, 420, 540, 765
Feststehende / Nicht-Feststehende
  212f
  festigen 510
Feuer 125, 131, 133(A), 162, 168,
  216, 253f, 319, 324, 365, 368, 394,
  446, 452, 464, 466, 486, 495, 499,
  587, 619, 689, 759
  Feuergewand 438, 445, 466
  Feuerkult 601(A)
  Feuersee 498
Fihrist 336, 590, 614, 622, 642, 672,
  694, 56
Finsternis 19, 23f, 125f, 175f, 236,
  249, 305, 318, 324, 347, 364, 366,
  396, 437, 439, 441-445, 463f, 467,
  472, 483-485, 490, 510, 531, 612,
  623f, 640, 653, 662, 700, 757, 762-
  764, 766
  Finsternisherrscher 364f, 437,
    622f, 758
  Finsternisreich 397, 640f
  Finsternissamen 760
  Finsterniswelt 365f, 394, 441,
    484, 509, 516, 758
  fünf Finsterniswelten 758
Fleisch 265, 267f, 271
Flora 202
Fluch 168(A)

Fluß 439
Formel, magische 354f
Frankreich 58, 91
Frau / Weib 11, 24, 71, 74f, 175,
  228, 320, 408/A), 465, 471, 483,
  763
  Weibliche 367, 396, 429
  Weiblichkeit 444
  weiblicher Aspekt Gottes 171f
Freimaurer 221, 492
Fremde 437, 482, 490, 511, 533, 597
  Fremdherrschaft 150f, 183
Fremdverständnis 257f
Frieden 246
  Friedensgruß 236
Frömmigkeit 251, 473, 694
  mandäische 394, 396
  Frömmigkeitspraxis 160
Frucht (piera) 437, 511, 533
Funken 4, 20, 129, 206
Furcht 453
Fußwaschung 322

Gabriel 318, 366f
Gabryab (Gabriabios) 753
Ǧaʿfar aṣ-Ṣadīq 296
Galaterbrief 41, 50
Galiläa 108f, 118, 228, 601
Gallien 244
Ganzak 246
Ganzibra / Ganzivra 344, 401, 559f
  ganzibrê (Schatzmeister) 440
Ganzībrā ʿAbdullāh, Š. 360(A),
  559(A), 560-562, 566
Ganzībrā ʿAbdullāh bar Šaiḫ
  Naǧin 360(A), 558, 566
Ganzībrā Dahīl, Š. 358(A), 360(A)
Gattin (Bild für die Weisheit) 176
Gayomard 662
Gebet 314, 322, 341, 344, 350, 352,
  374, 449, 541, 555, 597, 625, 756,
  765
  Gebetsrichtung 585
  Gebetszeiten 476
Gebetbuch, kanonisches 308, 310,
  323, 331, 341-344, 347, 351(A),
  388, 415f, 483, 542, 609, 611
Gedankengeburt 364
Gedicht 340
Gefährte (Syzygos) 234, 236, 247,
  672, 675, 749f

Gefühl 15
Geheimbund 221f, 230
Geheimgesellschaft 221, 754
Geheimhaltung 221f, 226
Geheimlehre 167, 157(A), 530
Geheimnis 220-224, 227, 229-231,
    233-235, 237f, 346, 511, 527f, 541,
    655
    geheim 344f
Geheimschrift 227
Geheimwissen 221f, 225
Geist 4, 10, 15, 19f, 21f, 72, 109,
    115, 124f, 131, 134, 138f, 173, 197,
    212f, 221, 230f, 233, 240, 249f,
    263, 265, 267f, 279, 286f, 452-454,
    609, 702, 710
    böser (siehe auch Ruhā) 318,
        483, 555, 609
    Geist des Lebens / lebendiger
        Geist 646, 758f
    Geisterwelt 312
Gemeinde 24, 51, 58, 60, 63, 65, 70,
    72, 75, 107, 109, 111, 120, 122,
    130, 153, 179, 211f, 218, 229, 231,
    235, 238, 244, 246, 248, 262f, 272,
    306, 507, 512, 569
    christliche 279f
    elchasaitische 695
    mandäische 310, 320f, 328-
        330, 332, 335, 356f, 449
    Gemeindeleben 563
    Gemeindeleiter 263
    Gemeindeleitung 11, 70, 82,
        752
    Gemeindelieder 518f
    Gemeinderegel 340
    Gemeindereligion 305
    Gemeindestruktur 11, 24f, 63,
        69-72, 101, 588, 688, 695,
        698, 739f, 763
Gemeinschaft 221, 235, 279, 490,
    569f
Genesis 196-198, 280f, 485
Genesisapokryphon (II 4) 511, 534
Gerechte 176, 181, 368, 394, 471,
    763
    Gerechtigkeit (maat) 494, 500
Gericht 24, 576-578
Germanien 144
Gesandte 216, 246, 268, 295, 412,
    465f, 508, 579, 589, 752, 761
    Dritter Gesandter 647, 655,

759f, 762
Geschichte 183f, 186f, 257, 526
    Geschichtsoptimismus /
        -pessimismus 186f
    Geschichtsschau 187f
    Historiker 383
    Historiographie 3
    frühchristliche Geschichts-
        schreibung 10
Geschlecht, auserwähltes 58
Geschöpfe, fleischliche 235
Gesellschaft 50, 58, 93, 177, 181,
    183, 185, 221, 264, 289
Gesetz(e) 73f, 165, 192f, 194(A), 197f,
    201-203, 239, 242, 294, 526f, 602,
    682
    Gesetzeserkenntnis 165
    Gesetzesradikalismus 396, 573,
        600, 688
    Gesetzetreue 210
Gestank 442
Gewand 438, 453, 511
    Gewandmystik 451
Ghassāniden 470
Ghazna 289
Gigantenbuch 718(A), 755
Ginza 306, 311, 332, 349-351, 357,
    359, 361, 371, 374, 383, 388f, 396,
    416, 420, 431, 462, 483, 538-540,
    542, 545f, 567f, 609, 611, 696f
    linker 250, 252, 310, 317,
        323, 347, 363, 373, 376,
        395, 430, 493, 496, 508,
        555, 613
    rechter 304, 317, 340, 376,
        496, 517
Glanz (Ziwa) 438, 455, 498
Glaube 10, 14, 18, 27, 44f, 171, 216,
    218f, 232, 242, 251, 258, 263, 273,
    279, 309, 478, 505, 774
    christlicher 38
    mandäischer 218f, 309f
    Glaubensregel 213
    Glaubenswahrheit 213
Gleichnis 116
Gnade 176, 235
Gnoseologie 15, 17
Gnosis /Gnostizismus 364, 405, 433,
    449, 493, 505-507, 527f, 594, 647f,
    651, 654, 659f, 675, 689, 734
    Definitionsproblem 34, 42, 45,
        47, 49f, 144-148, 259

Etymologie 4, 14f, 18, 20, 43-45, 146(A)
Entstehung / Herkunft / Ursprung 40f, 46, 52, 58, 60, 64, 75-77, 99, 123, 126, 139, 140(A), 141, 146, 148-154, 170, 177, 185, 187-191, 249, 259, 265f, 324, 435, 535f, 630
  Kontext 3f, 28, 61-65, 75f, 139, 147, 151
  Wesenszüge 18-29, 45-52, 58, 123, 147f, 223, 226, 303, 307, 440, 652
Gnosis, christliche 45f, 61-62, 139(A), 259, 262, 265, 285, 631
  griechische 44
  hellenistische 525
  iranische 139(A)
  isamische 291-298
  ismaelitische 291-298, 399
  jüdische 41, 64, 139, 154-163, 169, 527, 536(A)
  judaisierende 140, 429
  mandäische 131-137, 141,309, 320, 393, 396, 408, 434, 473
  samaritanische 579
  simoneanische 139(A), 141
  syrische 461
  valentinianische 142
Gnosisforschung xif, 3-13, 34-54, 60-62, 66-69, 80f, 98-100, 144f, 148f, 154-157, 170, 173, 209, 259, 301-304, 313, 316, 327, 359, 373, 437, 457
Gnostica / gnostische Texte / Literatur xi, 5-10, 101, 152f, 303, 527, 658
Gnostiker 5, 24, 44-46, 51, 58f, 62f, 70, 73-75, 98-102, 107(A), 120, 145, 159, 163, 177, 179, 181f, 190, 194, 198, 204f, 213f, 220, 232f, 242, 245, 255, 265, 267, 284, 314, 452f, 494, 496, 507, 510, 525f, 540, 644, 652
  Selbstbezeichnungen 45, 70, 230, 260-262
  Selbstverständnis 214f, 274, 532, 652f
  christliche 8, 214, 226, 274
Golem 137, 140
Golfkriege 562, 565, 568, 609(A)

Gorathener 591
Gott / das Göttliche 4,10, 15, 16f, 19-21, 24, 27-29, 44, 74, 76, 102, 115, 124, 126, 128, 134, 137f, 140, 145, 161, 163(A), 165f, 171f, 174-177, 184f, 193, 213, 216, 229, 234, 236, 243, 263f, 267f, 280, 286, 317, 366, 437-439, 443, 453, 465f, 468, 483, 487, 506, 526, 528-531, 533, 589, 640, 647f, 706, 708, 721f
  Glanzgott 759
  Gottesbegriff 429
  Gotteserfahrung 184, 429, 505
  Gotteserkenntnis 175, 181, 183f, 214, 722
  Gottesgestalt 393
  Gottesglauben 183
  Gottesidee 364, 394
Gottheiten / Götter / Göttinnen 16, 159, 249, 310, 378, 455, 463, 759
  manichäische 236
  Göttergespräche 122
Gottlose 176
Grab 355
Grabinschrift von Salona 733, 753
Gregor von Nyssa 596
Griechen / griechisch / Griechentum 14-17, 76, 95, 100f, 147, 149f, 154, 184, 249, 262, 268, 280, 353, 393, 481, 735
  Griechisch 58, 71, 283, 583, 672, 755
  Griechenland 27, 244
Groß / Größe 511, 534
Großbritannien 563
Güte 511
Gûf 137
gûfnā (Weinstock) 381
gut / das Gute 10, 19f, 138, 511f, 709, 757

Ḥābûr 382
Häresie / häretisch 11, 53-57, 60-65, 77, 95, 215, 229, 256f, 259, 263, 273f, 281, 285, 383, 452, 491f, 699
  jüdische 138(A), 573
  christliche 574
Häresiologen / Häresiologie 6, 9-11, 13, 17, 26, 44f, 47, 49f, 59, 62, 69f, 70, 128, 146, 153, 171, 193, 199, 207, 214f, 232, 260, 264, 267, 269,

273, 286, 403, 420f, 434, 449, 545,
573 -576, 590, 597, 680, 681(A),
694, 715, 729-731, 734, 749, 753
Haggada 137(A), 139, 178
Hagiographen 193, 198
haijê (Leben) 363
    haijê rabbā 366
Ḥamīdī (gest. 1162) 293, 295
Handauflegung 235f, 420, 553, 594,
    625
Handel(n) 151, 273
Handreichung 236, 553
Handschriften, mandäische 341-353,
    358-362, 415, 431
Handwerker 306, 557
Hārān Gawaitā Rolle (HG) 308, 310,
    328-330, 333, 348, 382-385, 389,
    397, 409, 411f, 414f, 422(A), 543,
    548, 612
Hārān-Gawaitā-Legende 378, 382-
    385, 410, 462, 468
    Hārān gawaitā 410, 612
Harpokrates 284
Ḥarrān / Ḥarrānier / Ḥarrāniertum
    382, 383f, 415, 551, 614
Hasmonäer 335
Haṭṭābīja 297
Ḥaurān-Gebiet /Gebirge 373, 378
Hebräerbrief 49, 51
Hebräerevangelium 281f
Hedonismus 166, 184
Hegemonios 288, 779
Hegesipp 154, 273, 574
Heiden / heidnisch / Heidentum 158,
    190, 235, 262, 314, 333
Heidenchristentum 375
Heil 14f, 17, 99, 105, 164, 175f, 203,
    212, 215, 251, 441, 493, 514, 525,
    666, 686, 756f
    Heilsäon 186
    Heilsbedeutung 266
    Heilsbote 474
    Heilsbotschaft 226
    Heilsfrage 165
    Heilsegoismus 175, 186
    Heilsgemeinde 652f, 763-768
    Heilsgeschichte 24, 27, 199,
        203, 205f, 708, 711, 757
    Heilsplan 226, 228
    Heilsvermittler 395
    Heilsverständnis 76, 161, 366
    Heilswahrheit 381

Heilsweg 183, 441, 444, 516
Heilswirkung 263
Heilswissen 225
Heilige 472, 487
Heilige Schrift(en) 56, 191, 193f, 199,
    205, 209, 211f
Heiliger Geist 193, 197, 213, 261,
    465, 468, 475, 583, 645, 647,
    677(A)
Heiligkeit 574, 578, 580
Heiligung 572f, 581, 597, 601
Heilung 353
Heimarmenē 126, 250, 293
Hêkhālôth-Texte 155
Helena 163, 662
Helfer 131f, 134, 254, 318
Hellenismus / hellenistisch 5, 27, 44,
    48, 70, 75-77, 101, 139, 167, 169,
    183, 186, 249, 268, 303f, 392, 477,
    536(A), 600, 689, 714, 734f
    Hellenisierung 187, 304
Hemerobaptisten 570, 573 -575, 591,
    687
Henoch 122, 188, 761
Henochbücher 755
    Henochbuch, slavisches 137,
        161
Herakleides-Psalmen 677f(A)
Herakleon 203f, 233, 265
Heraklit 14
Heraklius 470
Hermeneutik 205, 209, 224, 258,
    273
Hermes 16, 120
Hermes Trismegistos 120
Hermetica 434, 492f
Hermetik 12, 16, 44, 501
    Hermetiker 333
Herodes 279
Herodes Antipas 576
Herrentage 236
Herz 232, 241-243
Heuchelei 231
Hibil 132, 318f, 345-347, 350, 357,
    366-368, 413, 421, 440, 446, 449,
    480, 495f, 517, 554, 612, 623
    Hibil-Zīwā 216, 328, 349, 466
Hieronymus 120
Himmel 185, 353
    Himmelsfahrt 161, 186, 227,
        250, 321, 466
    Himmelsreise 115, 214, 229

249f, 255, 357, 464, 476, 493, 710
Himmelstaufe 594
Hinduistisch 24
Hiob 96, 122, 183
Hippolytus von Rom 6, 18, 45, 160, 582, 584-587, 607
Hirmiz Šāh 357
Hirt des Hermas 280
Hochzeit 343, 542, 557
  Hochzeitsritual 343, 542, 557
Hôdajôt (1 Q H) 503, 518-537
Hodschas 13
Höhe 234, 236, 655
Hölle 472, 493f, 499
  himmlische 464, 471
  Höllenfahrt 347, 350, 357, 444f
  Höllebfahrtsmythos 318, 324, 366f
Hörer 70, 82, 653, 763, 765
Homer 14, 105
Homilie 122
Homilien, manichäische (Hom) 633, 641
Hormizd I. (270/72-273) 751
Hormizd II. (302-309) 752
Horoskop 353
Ḫorramšahr 562
Hosea 197
Humanismus 95
Hume, D. 15
Ḫuzistān 292, 382, 386(A), 423f, 481, 538, 547, 552, 567
Hymnen 322, 341f, 344, 350, 352, 374, 541, 625, 661, 765
  Hymnendichtung 443
  Hymnenliteratur 323, 331, 406, 517
  Hymnenrolle, chinesische 237
  Hymnen an das lebendige Selbst 761
Hypomnemata 574
Hypostase der Archonten (HypArch oder HA NHC II 4) 212, 435, 637, 640, 660, 663
Hyrkanien 245
Hystaspesorakel 187

iardna 380
Ibn an-Nadīm 237-240, 295, 336,

589, 614-617, 624f, 658, 672, 674, 679, 694, 703, 756, 765, 779
Ibn Rizām 292
Ideen 15-17, 96, 102, 246
  frühchristliche 9f, 40
  gnostische 9f, 12f, 40, 42, 46f, 49
  hellenistische 49
Ideengeschichte 170f
Identifizierung 706
Identität 273, 281, 479
Ideologie 50, 78, 100, 212, 259
  christliche 285
  gnostische 5, 18f, 24f, 28, 44f, 75, 77, 80
  religiöse 210f
Ideologiegeschichte 10, 29
Ignatius v. Antiochien 51, 62, 268, 274, 536
Ignatius a Jesu 347
Ignatiusbriefe 376
ʿilm 291
Imām 294
  Imamatsidee 295
Imperialismus 205
Imperium, römisches 244
Indianer 95
Indien 13, 55, 244f, 248f, 698, 704, 750
  Indienreise Manis 671, 704, 750
  Nordindien 11, 58
Individualisierung 221
Individualität 220
Individuum 221
Indonesien 698
Initiation 686
  Initiationsritus / -zeremonie 263, 519f, 522f, 581, 596, 687
  Initiationtaufe 579, 598
Inkarnation 267, 675
Innaios 692, 752
Innenwelt 220
Inquisition 11
Inspiration 16, 197, 199
  Inspirationslehre 193
Institute for Antiquity and Christianity 8
Integration 210
Intellektuelle 153, 244, 707, 753
  Definition / Umschreibung 90-93

religiöse 94-98
Intellektuellentum 152(A)
Intellektuellenreligion 97, 151f(A)
Inthronisierung 420, 448, 594
Irak / Irāq 13, 64f, 217, 219(A), 240, 292, 296, 311, 331, 334, 354, 358, 360, 400f(A), 411, 415, 425(A), 431, 463, 470, 479-481, 538, 540, 544, 552, 556-558, 560-563, 566, 568, 615, 618
Iran / iranisch 11, 27, 58, 64f, 96, 139, 147, 154, 167, 169, 233, 239, 244, 249, 288, 295, 311, 358, 364, 378, 381, 385, 393, 400f(A), 403, 411, 431, 463, 479, 536, 538, 540, 551, 559f, 612, 615, 631, 659, 662, 681, 682(A), 684 , 750, 753
    Iranica 194, 725, 732, 736, 779
    Iran(i)er 249, 564
Irenäus v. Lyon 6, 10, 18, 22, 44, 69, 115, 123, 126f, 163, 171, 214, 227, 273f, 597
Irrtum 451f, 466, 484, 515
Ischtar 249
Isaak 203
Isidor 676(A)
Isis 175, 501
Islam / islamisch 11, 13, 55f, 60, 64f, 77, 147, 211, 219, 224, 240, 242, 249, 290-298, 331, 336, 349, 351, 355, 366, 372, 379, 388f, 397, 415f, 431, 470, 481, 490, 543, 547, 552, 590, 600, 615, 620, 625, 669, 679(A), 698, 742, 752f
    Islamwissenschaft 291
Ismailiten 13, 64, 155(A), 291f, 294-297
Israel 13, 175f, 183, 185, 187f, 479, 596
Italien 58, 244, 753
Itinerar 248

Jadatān 456
Jahresendfest (Parwānājê) 344, 553, 557, 613
Jahwe 451
Jakob 203
Jakobus 110, 115, 117, 215, 227, 228, 237, 265, 450

Jakobus Apokalypsen (V, 3/4) 212, 227, 283, 435, 450
    Apokalypse Jak (I) 226
    Apokalypse Jakobus (II) 228
Jakobusbrief 268
Jaldabaoth 124,128, 135, 141(A), 171, 198, 293, 437, 442, 444, 446
Jaogemmen 314
Japan 698
Jāwar 345
Jazuqäer 484
Jehuda Hanasi, R. 410
Jemen 294, 297
Jenseits 27, 166, 183, 228f, 233, 249, 251, 319, 346, 395, 494-502, 555
    Verjenseitigung 429
Jeremia 197
Jerusalem 108, 156f, 216, 218, 227, 248, 282, 319, 328, 330, 335, 352, 372, 374f, 377, 382-384, 410-414, 429, 438, 465, 476, 481, 484, 548f, 551, 585, 597, 601, 704, 775
Jesaja 196-198
Jesus (von Nazareth) Christus 10, 22, 47, 50, 60, 61, 108f, 111f, 114-118, 179, 205f, 215, 226-230, 237, 248, 260, 263f, 266, 268, 272, 279, 289, 335, 383, 451, 464-469, 475, 477, 471, 485, 487, 549, 561, 579, 588, 595f, 600f, 637, 648-650, 656, 658, 687f, 698, 700, 706f, 717, 719, 750f, 754, 762
    Glanz-Jesus 643-645, 648f, 655, 663f, 700, 749, 760-762
    Knaben Jesus 648, 762
    Jesus-Psalmen 677(A)
Jesus Sirach 163, 176, 181, 186, 188
Jesuslogien 635
Jexai 589
Jezdegerd II. 421
Jezīden 155(A), 364
Jō-Rabbā 365, 394
Johannes / johanneisch 108, 110f, 114, 117, 263-265, 267f, 327, 381
Johannes Damascenus 598
Johannes Paul II. (Papst) 561
Johannes der Täufer 279, 317, 328, 330, 335f, 350-352, 357, 373, 375, 377f, 383, 397, 410, 412-414, 430, 451f, 465, 467, 471, 475, 480, 491(A), 538f, 549, 554, 561, 563f,

570f, 575-580, 595f, 600-602, 612, 617, 687f
Johannestaufe 451-453, 550, 576-579, 596
Johannes Zebedäus 110, 113f, 227
Johanneischer Kreis 62, 302, 327, 384, 536
Johannesakten 282
Johannesbief I. 40
Johannesbuch (Draša d' Jahja) 306, 311, 332, 336, 351f, 359-361, 389, 414, 416, 466f, 483, 540, 542, 546, 609, 611
Johanneschristen 538
Johannesevangelium 40, 51, 227, 260, 272f, 280f, 326, 335, 376, 381, 384, 463, 508, 537, 539, 546, 550, 634, 757f
Johannesjünger 413, 430, 538, 549, 579, 595f
Jōrabbā 357, 484
Jordan 133, 320, 330, 381, 391, 430, 452f, 456, 465, 467, 471, 476, 523, 551, 553, 571, 577f, 581, 593f, 601, 612f
  Ostjordanland 461, 470, 590, 592, 599
  Transjordanland 373
Jōšamin 318, 352, 364f
Josephus 193, 570, 572, 576-578, 580
Juda 188
Judäa 441, 602
Judaistik 154
Judas Thomas 227f
Judenchristen 169, 285, 325(A), 335, 375f, 381, 468, 598, 675, 682(A), 683, 749, 757
Judasbrief 51
Judenhaß 374
Judentum / jüdisch 27, 38, 41, 56, 64, 65, 101, 130, 135(A), 137-142, 145, 149, 152(A), 154-169, 170, 180, 182, 185, 190, 192f, 197, 203, 208, 218, 224, 242, 249, 266, 268, 314, 330, 332, 357, 364, 373, 377, 381, 392-400, 404, 413, 462, 468, 477, 481, 485, 490, 550-552, 561, 576-578, 581, 592, 595, 599, 601-603, 686, 689, 735
  alexandrinisches 279, 285
  babylonisches 411, 416
  häretisches 317, 326

rabbinisches 314, 491
spätantikes 17, 429
Frühjudentum 4, 9, 27, 170, 185, 189-191, 208, 269, 393, 554, 576
frühjüdische Quellen / Literatur 50, 403
Spätjudentum 393
Jünger 109-119, 205, 216, 226, 228, 234, 248, 399, 412, 429, 453, 469, 550, 633, 637, 655, 736, 750
Julius Africanus 278
Jungfrau 641f, 647
Jungfrauengeburt 466
Jupiter 495
Jurisprudenz 105
Justin Martyr (gest. um 165) 6, 120, 160, 274, 335, 574
Justinos 138, 160, 199

Ka'aba i Zardušt 422
Kabbala / Qabbala 155f, 169, 224, 325(A), 398
Kābôd-Texte 156
Kain 202
Kainiten 160, 171, 202
Kairo 278
Kaiserkult 232, 263
Kaiserzeit 5
Kalenderberechnung 236, 670(A)
Kallist I. (217-222) 584
Kampf 305
Kanada 565
Kanonisierung 265
Kantäer 421, 545, 615
Kanziēl 495
Kao-Esung (650-683) 753
Kapernaum 160(A)
Karmeliter 334
Karpokrates 24
Kerpokratianer 282
Kartēr 332f
Kārūn(fluß) 421, 479, 538, 551
Katechismus 106, 107, 340
  Katechetenschule 284
  Katechumenen 11, 70, 111, 102, 236, 763, 765
Katharer / Albigenser 11, 57f, 7, 333(A), 422, 620, 682
Katholizismus 256
Kaufleute 244, 447

Kephalaia (Keph)   107-111, 119, 235f,
    239, 289, 333, 633, 635, 637, 661-
    663, 682f, 685, 702, 716-718, 726f,
    757
Kerinth / cerinthos   151, 202
Kern, göttlicher   50f, 59, 101, 126,
    250
Ketzer   11, 57, 64f, 95, 154f, 160
    Ketzerei   256-258
    Ketzerkatalog   422, 753
Ketzergeschichte, allgem.   155
    islamische   12
    mittelalterliche   153
Khorramšāh   357
Khuzistan / Ḥūzistān / Karun,
    iranischer   7, 292, 315, 592, 611
Kinderzeugung   319, 396, 429
Kirche   11, 18, 24f, 26, 52, 61-61,
    71, 107, 196(A), 203f, 210f, 213-
    215, 217, 222, 244f, 256, 260,
    264-266, 269, 273f, 278, 469,
    561f
    Gebäude   472
    Großkirche / großkirchlich
        196f, 204, 232, 259f, 262,
        272f, 284, 634
    ägyptische / koptische   278
    byzantinische   469f
    manichäische   236f, 652f, 717f,
        755, 763
    syrische   471
Kirchenbriefe   160
Kirchengeschichte / kirchengeschicht-
    lich   3, 6, 256f, 259, 469
    manichäische   633, 668, 736,
        754
Kirchenorganisation   273
Kirchenväter   3, 6, 13, 22, 59, 62, 72,
    153, 269(A), 314, 576, 775
Kirtēr / Kirdīr / Kirtīr   239, 551,
    751
Kirtērinschrift / Kirdirinschrift   422,
    551, 585(A), 612, 620f, 676(A)
Kitāb al kušf   296f
Klan   210
Kleinasien   58, 75, 244f
Kleobianer   591
Klerikalisierung   365, 399, 552
Kloster   763
Klubhäuser (Nādī al-Tuʿāruf)   558
Kölner Mani-Kodex (CMC)xi, 194,
    234, 245f, 288, 332, 390(A), 407,

583, 586(A), 587, 590, 607, 614,
    616-618, 624-626, 655-659, 699f,
    703, 718, 724, 728f, 734, 736, 741,
    748-750, 757, 762
    Inhalt / Aufbau   690-693
    Titel   234, 691
König   352, 511, 758, 762
Königbücher   589
Königsritual   378
König der Ehre   759
König der Herrlichkeit   759
Körper   5, 10, 19f, 114, 129, 132,
    135, 140, 164, 206, 213f, 230f, 241-
    243, 270-272, 287(A), 318, 321,
    324, 367, 396, 446f, 449, 452, 554,
    638, 640, 643, 649, 662, 719, 716,
    763
    Körpergewand   132
    Leib   124f, 138, 140, 142, 161,
        215, 268-270
    Materie (Hylē)   5, 19f, 21f,
        125f, 142, 226, 249, 287,
        324
Koilesyrien   150
Koinobien(tum)   286
Kolophone   328, 331, 334, 357, 360,
    384f, 388, 400, 415f, 545f, 552
Kolophone zum Qolastā   311, 331,
    415
Kolosserbrief   42, 49, 51
Kommentar(e)   340, 342f, 345f, 406,
    447
Kommunikationsforschung   478
Komperativstil   69, 430
Konstantin   273
Konstantinopel   269
Konsubstantialität   148, 507
Kontrastdiagnose   435
Kopten / koptisch   7, 9, 44, 106, 278,
    280, 286, 304, 314
Koptica   194, 215, 632f, 708, 711,
    732, 734, 736, 739, 779
Koptisch   58, 71, 152, 194f, 196(A),
    283f, 715, 755
koptische Texte   433-457
Koptisches Museum Altkairo   7
Koran / Qorān   351, 356, 547, 563,
    761
Korinth   41, 51f, 232, 279
Korintherbriefe   49f
Kosmogonie   73, 156, 159, 177, 191,
    198, 294, 296, 302, 304, 318, 348,

363-366, 393, 438, 445, 453, 711, 758-760

Kosmologie 19f, 80, 156, 161, 167f, 175, 177, 181f, 186, 293, 352, 651, 658, 722, 758f

Kosmos 4f, 19, 72, 74, 76, 176, 178, 181-183, 185, 214, 230, 233, 235, 249, 255, 264, 293, 446, 449, 490f, 708f

    Makro- / Mikrokosmos 47, 161, 345, 367

    Mikrokosmos 140, 394, 396

Krankheit 354, 356, 586

Kreuzigung 226-228, 248, 268, 270-272, 445, 466f, 751, 762

Kreuzestod 237

Krieg 236

Krönung (Trasa) 322, 343, 553, 555

Ktesiphon-Seleucia 245, 248, 703f, 748, 750f

Kuschan 247, 750

Kult 5, 23, 25, 57, 60, 96, 164, 183, 285, 319, 324, 374, 378, 395f, 420, 430, 442, 450, 461, 474-476, 507, 522f, 552-556, 569, 707, 765

    orientalische Kulte 59

    mandäischer Kultgesang 476

Kulthütte 344, 420, 553

Kulttexte 349

Kultur 244

Kulturwissenschaft 150

Kultusbegriffe 167

Kūnī und Qadar 292f

    Qadar 294

Kunstgeschichte 290

Kunstsprache 437

Kuß 236, 420

kušṭa 374, 381, 412, 465, 513, 516, 553

Kyniker 16, 73, 76

Kyrill von Jerusalem 635

Lactanz 10

Laien / Katechumenen 11, 96, 241, 345, 399, 480, 530, 557-560, 765

Laienintellektualismus 70, 77, 82, 95, 152(A), 189

Lateinisch 58, 755

laufa 374

Leben 15, 19, 23, 47, 126f, 129-134, 164(A), 171, 173, 176, 184f, 221, 233, 235, 241, 251-253, 255, 270f, 317-319, 324, 363f, 366-368, 374, 393f, 397, 429, 437-441, 443, 446, 448, 451, 454-456, 484, 494, 496, 512, 520f, 533f, 613, 623, 645

Lebensauffassung 166, 169

Lebensbaum 162, 173, 226, 495, 523, 640

    arbor vitae 200

Lebensbewältigung 164

Lebensgefühl 305

Legende(n) 340, 356, 384, 389, 398

Legitimaion 210, 262f, 278, 491

Legitimierungsstrategie 211

Lehre, allgemeine 13, 62, 96, 101, 201, 211f, 224, 235, 256f, 271, 486

    christologische 10

    geheime 439

    gnostische 47, 51, 112, 123-142, 449, 681

    ismaelitische 292-295

    judenchristliche 681

    kosmologische 10

    mandäische 363, 474

    trinitarische 10

    Manis 248f, 656-666, 698,700, 705-713, 715, 723, 754, 763f

    Urbild-Abbild-Lehre 703

Lehren des Silvanus (NHC VII 4) 283, 286

Lehrer 262f, 449, 530, 763

    Lehrer der Gerechtigkeit 519

Leiden 183, 213-215, 241, 268, 270-272, 356

    Leidenstheologie 215, 233

Leiden (Ort) 350, 360

Leipzig 363, 485(A), 493(A)

Leviticus 198

Lewi 110, 113

Libanon 13

Libat 356

Libertinismus / libertinistisch 49, 73, 160(A), 233, 286

    Libertinisten 199

Licht 19, 23f, 72, 124-126, 131, 162(A), 164(A), 168, 175f, 206, 213, 236-238, 251, 253, 260, 305, 318, 324, 374, 439, 443-445, 448, 451-453, 485, 494, 496, 498, 510, 512, 520f, 523, 531, 550, 640, 653, 757-763, 766

Lichtapostel   236, 645, 670,
    677(A), 698
Lichtbote   346, 352, 366-368,
    440(A), 442, 444f, 449, 498,
    623, 644, 649f, 761f
Lichtengel   109, 465
Lichtfunken   132(A), 640, 663
Lichtgesandter   237, 318, 366
Lichtgestalt   109, 116, 229
Lichtgewand   438, 444, 455
Lichtgott   237, 638, 758, 762
Lichtjungfrau   639, 649, 661,
    759
Lichtkönig   216-218, 318, 366,
    397, 469, 514, 622f
Lichtkönigslehre   317f, 366,
    371f, 552, 622-624
Lichtkraft   117, 126, 136, 228,
    230
Lichtkreuz   762
Lichtort   254, 376, 448
Lichtreich   171, 250, 255, 325,
    341, 346, 349, 368, 395,
    397, 484, 486, 500, 613,
    622f, 710, 761, 763, 766
Lichtsamen   182, 619, 760
Lichttau   127
Lichtteile   171, 759f, 762f
Lichttropfen   115
Lichtwelt   20,124, 126, 132(A),
    135, 310, 319, 346f, 366,
    368, 394, 439, 441-443, 456,
    496, 511, 516, 523, 548,
    553, 555, 564, 624, 622, 758
Lichtwesen   230, 254, 318f,
    347f 357, 364-368, 438, 440,
    496, 532, 554, 759
Lichtwolke   442
Liebe   44
Lieder   341, 349f
Literargeschichte   50
    Literarkritik   207, 363
Literaturgeschichte   736
Liturgie, samaritanische   162
Liturgien, Mandäische   306, 310f,
    359, 383, 385, 395, 417, 483, 540,
    542, 546, 609
Lobpreisung   342, 512
Löwe   533, 622f
Logiensammlung   283
Logos   60, 73, 76, 161, 175-177, 264,
    267f, 303, 445, 454, 589, 652, 675,
    694, 697, 722, 778
    Logoschristologie   285
    Logos der Gnosis   302f, 324
London   313, 350, 360, 544, 775
Loyalität   210-212, 214, 219
    Loyalitätskonflikte   210, 212,
        215, 219
    Loyalitätsstrategie   211
Lüge   171, 221, 231, 241f, 465, 487,
    532, 765
    Lügen-Messias   469, 550
Luftreise   246
Lukas   227
Lukian / Lucian   103, 192
Luristan   315, 386, 423
Lustration   25, 452, 569, 51, 598
Luther, Martin   95
Lycopolis / Lykopolis   288, 634

Madd'ā   719f
Mäeutik, sokratische   103
Märchen   356, 740
Magie   12, 71, 98, 159 314, 392, 419,
    722, 751
    Magische Papyri   43
    Magier   71, 247, 357, 378, 704
    Magierkaste   64
Mahdī   294
Mahl   476, 765f
    Mahlfeiern   25, 321, 521, 613
maijā siawê (schwarzes Wasser)   364f,
    394, 429, 441, 499
    maijā haijê (Wasser des Lebens)
        366, 397
Mālik b. Anas   240
malkā dhšukā (König der
    Finsternis)   364
malkā dnūhrā (Lichtkönig)   366
mambuha   374
Mānā   131f, 134, 317, 319, 363f, 394,
    702
    Mana Kabira   364
    Mana Rabbā   364
Mandā d Haijē   132(A), 133f, 317-319,
    324, 366-368, 376, 395, 429, 437,
    440, 475, 498, 529, 554, 593, 612,
    720
    Manda   344, 380, 480, 529
Mandean Association   563
Mandäer / mandäisch   7, 12, 25, 44,
    58, 65, 72, 128, 134(A), 136,

139(A), 140, 141(A), 142(A), 151, 159, 162, 164, 193, 201, 204, 208f, 212, 214(A), 215-219, 231, 233, 243, 250f, 294f, 297, 301, 303, 305, 309, 315f, 321-323, 329f, 333-338, 343, 351, 353, 356, 360f, 399, 421f, 443f, 447, 453, 456-458, 470, 472-477, 479, 484, 490, 494-502, 523, 556-566, 540, 564, 570f, 590, 599, 612, 615, 619, 625f, 651, 680, 687f, 694, 696

   Eigenart /Charakter / Wesens-zug 364, 374, 376, 391

   Entstehung / Ursprung 328-331, 371-385, 388, 392f, 396, 402, 409, 421f, 429f, 460-463, 468, 470, 473, 480f, 548-552

   Etymologie 380, 480, 529

   Geschichte 349, 357, 396-400, 408f, 426, 479-481

   Kult 552-556, 613

   Selbstbezeichnung 349, 421f, 429, 477, 548, 550, 592, 621

   Selbstverständnis 548f

Mandäerforschung 301-328, 337f, 370-391, 402-408, 431f, 458-463, 493, 538-541, 559, 608f, 613

   Mandäerproblem 302, 323, 359, 380, 382, 402, 459-463, 485(A)

Mandäisch 315f, 345, 350, 353, 385, 424, 426-428, 434, 441, 518, 530, 539f, 559, 609, 611, 702

   mandäische Schrift 385f, 403, 423-426, 547f, 609, 611

Mandaica / mandäische Schriften xi, 194, 250, 301-312, 324, 326, 328f, 331-333, 339-369, 373, 375-377, 383, 387-389, 403f, 406, 408-420, 433f, 436, 440f, 444-446, 448f, 456, 461, 463-474, 483-489, 491, 494f, 498-500, 508 -518, 523f, 532, 535, 541-548, 566-568, 608-612, 778

Mandāʾī 563

Mandäistik xii, 354, 408, 434, 436, 457

Mandi 553, 557f, 563, 565, 612

Mangel 439, 443, 513

Mani 11, 58, 60, 71, 98, 101f. 110f, 119. 211, 233-241, 259, 266, 288, 290, 305, 332f, 378, 407, 462, 551, 583, 590-592, 600, 607, 614-618, 620f, 624-626, 631-633, 636f, 641f, 651, 654, 682f, 692f, 695, 714, 717, 780

   Berufung 670, 703, 749f

   Herkunft 656f, 748f

   Leben 245-248, 336, 390, 587-589, 658, 667-678, 702-705, 748-752

   Mar Mani 619

   Name 702, 748, 754

   Selbstverständnis 655f, 749

Manichäer 5, 9, 24, 101, 194, 200, 232, 239-241, 249, 287-290, 297, 378, 422, 612, 616, 619f, 622-626, 634-636, 669, 699

Manichäismus / manichäisch 6, 10-12, 21, 47, 54f, 58, 60, 63f, 71, 78f, 98, 102, 109, 111, 134(A), 139(A), 142, 152(A), 169, 180, 194, 211, 214(A), 221, 223, 225, 240, 259, 286-290, 295, 322, 332f, 352, 364, 389f, 407, 416, 433, 462, 551, 698-700, 742, 753

   Entstehung 589, 607, 630, 654, 679-681, 734f, 743ff, 749, 752-754

   Wesenszüge 659f, 708, 710-712, 734f, 778

Manichäologie xii, 607f, 629-633, 656f, 667, 669-685, 699-702, 715

Manichaica / manichäische Texte xi, 108, 287, 349, 403, 406, 474, 608, 632- 654, 656f, 725-733, 746-748

Mann 471

Manuhmēd 718

Mār Ammô 248, 750, 753, 757

Mārā (Berg) 466

Maria 108, 110f, 113, 116-118, 265, 663

   Mirjai 352, 357, 375

Maria Magdalena 109f, 113, 117

Marim 228

Marcion / Markion 62, 71, 201, 245, 265, 284, 657f, 683, 720, 749

   Markionismus 11

   Markioniten 24, 28f, 204

Markos 71, 203, 293

Markus 278, 279(A)

Markusevangelium, geheimes 281f

Mars 484, 495

Martyrium 214f, 219, 232f, 242, 278

Märtyrerakten, syrische 380
Märtyrerprozesse 260
Märtyrertod 261
Marxismus 90
Masbotäer 570, 573-575, 591, 687
Ma 'seh berešīt (Kosmogonie) 167f, 159
Maškenäer 421
Massiqtā / masiqtā 310, 320f, 368, 395, 404f, 420, 450, 461, 476, 493, 509, 555, 624
 – hymnen / -lieder 317, 376, 430, 446-448, 509, 515, 555
 – Liturgie 546
Mašyānag 706
maṭarata (Wachtstationen) 445, 448
Mathaias 227
Matthäus 110f, 117, 279
Matthäusevangelium 280
Mazdak 74
    Mazdakismus / Mazdaismus 64, 74, 525
McCarthy-Periode 90
Meder 246, 248, 378
    Medien 382, 384, 704
    medisches Bergland 349, 357, 410, 412, 414, 548, 551, 612
Medīnet Mādi 278, 632, 656, 668, 726
Meer 485
Meeresungeheuer 641, 760
Megalé Apophasis 200
Meister Ekkehard 223
Melchisedek 203
Mêmar Marqā 162
Menander 27, 42, 76, 128f, 137, 141(A), 151, 196(A), 676(A)
Mensch 4f, 10, 16, 20-23, 28f, 44f, 73f, 76, 93, 99, 102, 114f, 123-130, 136-140, 142, 163, 165, 174, 176, 206, 210, 219, 221, 235, 242, 249, 267, 270, 464, 486, 529, 641, 645, 713
    kosmischer 13
    Anthropos 47, 74, 76, 115, 127, 128(A), 130, 198, 293
    Menschenschöpfung 357, 397
    Menschensohn171, 452f, 662
    Menschheit 446
Menstruation 464f, 586
Meristen 591
Merkubah-Lehren 143, 157(A)

Merkābāh (göttliche Thronsphäre) 15f
Merkur 464, 486, 495, 550
Mesene 245, 247f, 382, 420, 551, 748, 750f
Mesopotamien 11, 13, 58, 60, 75, 150, 156, 244, 288, 295, 349, 372, 375, 378, 384, 390(A), 397, 412, 459-462, 470, 481, 487, 564, 607, 609, 612f, 620, 657, 679f, 752
    Nordmesopotamien 414, 421, 599
    Zweistromland 411, 496, 543, 547, 551, 626
Messias 218, 474, 486, 549, 619, 761
    Lügen-Messias 469, 550
Metamorphose 12, 65, 173, 180, 718
Methodologie 67f, 256-258, 363, 379
Michael I. 421
Michael der Syrer 733
Michar 454-456
Michea 454
Micheus 455f
Mihr 423, 759
Mihr-Ohrmazd 753
Mihryazd 706, 759
Mikrostruktur 211
Milchstraße 760
Miniaturen 289f
Mînīm 154, 159, 168(A)
Mînōth 160
Mirjai 317
Mischong 708, 711f
Mission 55, 58, 60, 217f, 231, 285, 288, 371, 374, 468f, 552, 592, 656, 671, 694, 715, 750, 753
Missionar 245, 286, 704, 729, 752, 757, 780
Missionsreligion 211, 742
Mithraskult 378
    Mithra 759
Mittelalter 77, 325(A)
    christliches 232
    islamisches 11, 232
Mnēsinus 455f
Mönche / Mönchtum 8f, 106, 218, 254, 284, 286, 289, 471, 487f, 619, 740, 77
    Mönchsregeln 120
Moḥammed 13, 57, 217, 336, 351, 389, 552, 600, 698
Mahamad 219

Moḥammed b. Sīnān (gest. 835) 296
Moḥammed b. Isḥāq 614-617
Mond 250, 253, 347, 484, 495, 619, 651
    Mondkalender 672
    Mondschiff 649, 760
Manismus 19f, 145, 148, 364-367, 397
Monogamie 396
Monogenēs 662
Monotheismus 155, 372, 573
Moral 25, 50f, 305f, 429
    Moralkodex 376
Mose 57, 162, 194(A), 197, 202f, 218, 279f, 412, 484, 491, 550
    Mosegesetze 375
Moses Maimonides 242f
Motivgeschichte 363
Münzlegenden, charakenische 316, 335, 385, 423, 733
    aramäische 423(A)
Mufaddal b. ʿUmar al-Ǧuft 296
Mufaḍḍal-Literatur, apokryphe 296f
Muġtasila 547, 589, 614-616, 624, 674
Mund 232, 241
Muqtadir, Kalif (908-932) 240
Muslime 306, 379, 549
Mutter 124f, 127, 135, 164, 171, 176, 178, 230, 270, 446, 464, 472, 495, 662
    Mutter der Lebendigen 759
    Mutter des Lebens 638-640, 661, 706
    Muttergöttin 374, 463
    Mutterschoß 444f, 464
    Weltmutter 444(A)
Mystagoge 99
Mysterien 16, 25, 43, 59, 116, 118, 145f, 157, 167, 228, 230, 235, 241, 263, 393, 439f, 497, 507, 529f
    Mysterienklubs-/ vereine 5, 24
    Mysterienkulte 225
    Mysterienreligionen 77, 147
    Mysterien des Lebens 237
    Mysterien des Vaters 237
    fürnf Mystierien 236
Mysterium 114, 116f, 205, 223, 225f, 230, 234-238, 261, 450
Mystik 12
    islamische 13
    jüdische 155-157, 169

    mittelalterliche 156
    Mönchsmystik 62
Mythologie 24, 68, 74f, 100(A), 141, 147, 302, 304, 307, 312, 323, 352, 363, 621, 659
    mandäische 406, 418, 426
Mythos 5, 13, 21, 60, 68, 123, 126, 129f, 133-137, 139f, 166, 177, 206, 208, 238
    Mythen 274, 257

Naassener 44, 136, 140, 141(A), 153, 160, 199f
Naassenerhomilie 54, 61, 128(A), 129f, 136f, 198(A), 650
Naassenerschrift 205
Naassenerstück 135, 138(A)
Naassenertraktat 198, 200
Nabatäa 244
    Nabatäer 425(A), 614
    nabatäische Schrift 385f, 424f, 458, 547
Nag Hammadi 281, 539
Nag Hammadi Codices (NHC) xi, 7-10, 24f, 38, 42, 45, 49f, 52, 53, 61, 66, 69f, 82, 100, 116(A), 143f, 153, 158, 170f, 179, 192-197, 199, 201, 206, 214f, 227, 229, 232, 250, 265, 269, 282f, 286-288, 303, 323, 326, 332, 393, 407, 433-457, 493, 540, 546, 550, 632, 632, 637, 651, 654, 659-666, 720, 734
    Datierung 335f
    Fundgeschichte 7f, 286
Nahas (Engel) 202
Nahrung 765f
Namensgebung 353, 513
Naqš-e Rostam 333, 585(A)
Narisahyad / Nēryōsang 706
Narr (Saklas) 229, 264, 446
Nāṣ(i)rīja 400(A)
Naṣirūtā 309
Nāṣōräer 314, 319f, 326, 328, 333, 345, 348f, 368, 372, 374, 379-382, 384f, 391, 393-399, 407, 410-412, 414, 421f, 425, 429, 458, 464, 466, 468, 480, 530, 548, 550, 592, 620f, 682
naṣuraia 380
Nationalsozialismus 90, 775
Natur 144, 140, 181, 353, 764, 780

Naturerkenntnis 164, 174
Naturordnung 183
Naturreligion 371
Nbat 345
Nbaż 495
Nbū 464, 486, 495
Nbū-Christus 469
Nebroēl / Namraēl 760
Nebuchadnezzar 357
Nestorianer / nestorianisch 218, 320, 404, 430, 561, 679(A), 753
Neues Testament (NT) 10, 34, 38, 40-44, 48(A), 49-51, 110(A), 112, 153, 158, 160, 193, 229, 259, 264, 266f, 280, 302, 312, 327, 339, 406, 418, 474, 550, 576, 579, 675, 694
    neutestamentliche Forschung 179, 405
Neuinterpretation 205, 207, 451
Nicäa 263
Nidbai 456
Nippur 354
nišimtā 363
Nizāris 297
Noah 202, 357, 448f, 761
    Noachiden 442
Nonnen 218, 254, 487
Nordafrika 11, 58, 71, 244, 648, 718, 753
Norea 441
Norm 210
Nous / Nūs 440, 445, 448, 640, 643-647
    Licht-Nous 644-646, 652, 663, 716-718, 723, 760-762, 764, 767
Novize 519, 535, 543
nukraia 437
Numeri 198
Nuṣairier 13, 64, 155(A), 296f

Oberarchon 73
Observanten 458, 480, 550
Oden Salomos 7, 117, 164, 205, 327, 376, 503-524, 528-537, 546, 550, 610, 719, 778
Ölberg / Berg der Oliven / Olivenberg 228
Ölhorn 464
Ölsalbung 476, 553f, 613
Ölweihe 476

Offenbarer 51, 105, 107, 162(A), 237, 269, 295, 319, 368, 395, 440, 444, 449, 703
Offenbarung 5, 16f, 24, 105f, 109, 113, 121f, 157(A), 163(A), 172, 176, 182, 186, 203, 206, 222-225, 228-230, 235, 238, 246, 349f, 368f, 383, 395, 439, 452, 469, 474, 491, 504, 525, 582f, 644, 670, 749, 761
Offenbarung (Neues Testament) 51
Offenbarungsdialoge 212, 228(A)
Offenbarungsempfänger 449, 454, 644
Offenbarungsgeschichten 206
Offenbarungsgespräche 226
Offenbarungsgestalten 180-182
Offenbarungslehre 13, 148, 589
Offenbarungsmittler 672, 675f
Offenbarungsrede 443, 517
Offenbarungsreden-Quelle 384
Offenbarungsreligion(en) 56f, 104, 223
Offenbarungsruf 396, 440
Offenbarungsschriften /-literatur 225
Offenbarungstext 51, 212
Offenbarungstheologie 174
Offenbarungsträger(in) 175
Offenbarungsweisheit 207
Og ('Auğ) 357
Ogi(as) 247
Ohrmuzel 708, 712
Oikumene / Ökumene 59f
Omaijaden 753
Omen / Omina 353
Onomastika 395
Opfer 305
Opferkult 573, 587, 589, 598-600, 689
Opferfleischmahl 232
Ophiten 44, 126, 130, 134, 136, 140, 141(A), 142, 153, 160, 171, 199, 201, 293
    ophitisch 227, 294, 434
Orakel 105, 122
Orakelliteratur, sibyllische 570
Origenes 6, 10, 62, 160, 192, 260, 266(A), 282, 284, 287, 583, 585, 597, 778
Orphik 16
Orphiker 152(A)
Orthodoxie / orthodox 60, 62, 256f, 259, 263, 281, 398

jüdische 158
Osiris 494, 497, 500f
Ossäer 589, 591
Ostkirche / ostkirchlich 218
Oxford 308, 313, 350f, 360
Oxyrhynchos 281, 283, 390(A)

Paargenosse 234
Pachom 286
A Pair of Nassoraean Commentry 308
Palästina / palästinisch 75, 150, 156,
    158, 179, 187, 244, 330, 349, 373,
    377, 384, 411, 435, 459, 481, 501,
    525, 571, 580, 592, 599, 601f, 698,
    704, 753
Palmyra 750, 753
Panarion 336
Panbabylonismus 149
Panchristianismus 149
Pangräzismus 149
Paniranismus 149
Panjudaismus 149
Pappos 288, 753
Papyri 52, 280f
Papyrus Berolinensis 8502 7
Papyrus Egerton Nr. 2 280
Paradies 198, 226, 294, 319, 495, 500,
    514, 640, 643
    Paradiesbaum 236
    Paradiesgeschichte 206
Paraklet 236, 643, 645, 675-678, 757,
    761
Paraphrase des Sem (ParSern NHC
    VII 1) 407, 660, 666
Parchor 676(A)
Paredra 171f, 175
Paris 313, 350f, 360, 544
Parsentum 479
Parthien 245, 673, 679(A), 704, 750,
    753
Parther 248, 329, 335, 378, 382, 384,
    411f, 414f, 426, 584
Parwan 414
Passion 109, 115, 270
Pastoralbirefe 42, 50f, 62
Patriarch(en), alex. 294
Patriarchengeschichten 203
Pattikios (Vater Manis) 245, 247, 671,
    674, 695, 702f, 748
Pattīg 752
Paulikaner 295

Paulus 42-44, 52(A), 62, 110, 115,
    141, 160, 201f, 229, 232, 244, 263-
    267, 273, 285, 585, 645, 656, 658,
    700, 717, 762, 775
    Paulis 469
    Paulis-Christus 469, 472
    Paulinismus 204
Paulusbriefe 50, 52, 259, 266, 749
Paulusexegese 265
Pentade 756, 758f
Pentateuch 193, 198, 203, 212
Peraten 160, 199
Periodoi Petru 597
Perlenlied 7, 245, 335, 650, 658, 661,
    676(A), 778
Peroz 751
Persien 246-248, 704, 750
    Perser 470, 699
    persisch 357
Persisch 58, 353, 705, 755
    Mittelpersisch 705
Persönlichkeit 221
Person 236
Personifizierung 183
Pessimismus 50, 164, 166f, 169
Petrus 110, 113, 117, 227f, 265, 597
Petrusakten (NHC VI 1) 660
Petrusbiefe 50f
Pflanze 513, 521, 641, 760, 764f
Pfortenbuch 497, 500
Phänomenologie 148, 320, 699
Pharao 494
Pharat (Ferat) 247
Pharisäer 157, 574, 591
Philaster v. Brescia 591
Philemonbrief 50
Philipperbrief 50
Philippus 110, 116f, 265
    Schüler des Bardesanes 121
Philippusevangelium (NHC II 3) 200,
    203, 212, 226, 283, 435, 635f, 641f,
    654(A), 660, 663
Philo Alexandrinius 17, 41, 122, 138f,
    141, 154, 160, 175(A), 176f, 181,
    186, 193, 200, 268, 279, 285, 287,
    722
Philologie 105, 257
    klassische 37
Philosophie 14f, 76, 92f, 100(A), 105,
    222, 260, 776
    griechische 10, 14f, 73, 714
Philosphiegeschichte 10, 14, 29, 54

Phönikien   150
Phraseologie   195, 324, 437, 519,
    609f, 618
Physis   444f
pihta   374
Pilatus   466
Pinehas   589
Pistis   452
Pistis Sophia   6f, 108-113, 116f, 119,
    171, 197-200, 203-205, 283, 636
Planē   649
Planeten   131, 133, 167(A), 217f, 230,
    249, 252f, 294, 309, 318, 324, 347,
    353, 365, 374, 394, 446, 454, 463f,
    484, 494-496, 498, 555, 658
    böse   619
Plastes   642
Platon   4, 15-17, 43, 104, 260, 714,
    719
Platonismus   16, 43, 45, 73, 104, 287
    Mittelplatonismus   10, 27, 285,
        287, 304, 722
    Neuplatonismus   292, 296, 778
    Persische schule   292f, 295
    Spätplatonismus   15f, 287, 296,
        722
Pleroma / All / göttliche Welt   19f,
    73f, 114, 116, 118, 171-173, 178,
    196, 227(A), 230, 233, 250, 255,
    261, 270f, 294, 310, 317, 363f, 439,
    441, 443, 454-457, 516, 640, 648,
    720
    Pleroma-Spekulationen   157,
        161, 647
Plinius der Jüngere (62-114)   232
Plotin   45, 74, 287, 722, 778
Plutarch   61, 103
Pneuma   50, 124, 135, 137-139, 142,
    439, 444f, 452, 645, 647, 676(A),
    716, 720, 759
Pneumachristologie   267f
Pneumatiker   70, 82, 211, 232f, 242,
    261, 272, 304, 408(A), 653
Poimandres / Menschheit   6, 120,
    143, 196(A), 209(A)
Poimandrestraktat   54
Polemik   211, 214, 260, 262, 265,
    271, 274, 285, 309, 314, 333, 372,
    375, 396, 452f, 467, 469, 473, 481,
    483f, 487f, 490, 550, 552, 580,
    619f, 753
Politik   189(A), 231, 482

Polykarp   51
Polytheisten   372
Porphyrius   45, 260
Pragmateia   755
Praxis, allgemein   50, 101, 201, 212,
    219, 224, 341, 696
    gnostische   5, 9, 12, 73f
    Verhalten   51
Prediger   279
Predigt(en)   352
Prediger Salomos   96, 165
Presbyter   263
Priester   76, 95f, 175, 188, 241, 306,
    309, 314, 341, 343-347, 353f, 356-
    358, 364, 372, 393, 398f, 401, 412,
    429, 438, 447, 472f, 480, 535, 540,
    543, 549, 550, 555, 560, 566, 589,
    591, 593, 611, 763
    Oberpriester   344
    Priesterausbildung   559
    Priesterfamilie(n)   358, 362,
        401, 559, 565, 567, 696
    Priesterschaft   164, 247, 334,
        346, 371
    Priesterschüler   345, 559
    himmlischer   399
    mandäische Priesterweihe   321f,
        341, 343, 345
Priesterbibliotheken, mandäische   311,
    358(A), 431, 567
Priesterweihe   420, 540, 543, 553,
    555, 613
Priesterweisheit   309, 346, 399
Priscillianer   241
Prodicus   44
Profanhistorisches   256
Prognosis   647
Proneia (Vorsehung)   180, 228, 641f,
    645, 647
Prophet(en), allgemein   95f, 175, 188,
    197, 203, 217, 239, 263, 292, 351f,
    430, 549, 656, 675
    arabischer   218f
    falscher   466, 675
    gnostische   47, 51, 659
    jüdische   48, 192f, 194(A), 198
Prophetenbücher   589
Proselyten   551, 581
Proskynese   236
Protennoia (erste Denkkraft)   180,
    230, 455f
Protestantismus   256

Protest-Exegese 5, 21, 162, 199, 201, 212
Prōtophanēs 455
Psalter / Psalmen 193, 196, 205, 280f, 532
    manichäischer Psalter 200, 635f, 756
    Psalmenbuch 633, 659, 677(A), 766
Pseudepigraphie 178, 207, 249
Pseudepigraphen 225, 335, 658
Psudoclementinen 570, 585, 597f, 651
Pseudo-Oionysios 223
Pseudo-Kyrill 282
Psychiker 70, 211, 272, 653
    göttliche Psyche 130
    Psyche 139, 645, 719
Psychologie 257, 478, 659
    Psychologe 383
Ptah 313, 501
Ptahil 128, 131-135, 140(A), 310, 313, 318, 364-367, 438, 495f, 501
    Etymologie 365
Ptolemäus / Ptolemios 202, 204
Porgatorien 448, 486, 555
Pust-i Kuh 423
Pythagoräer 45

Qādōš 394
Qarmuten 13
Qāsīm, 'Abd al-Karīm 557
Qiqēl 357, 397
Qmahi 356
Qohelet 177, 183f, 186f
Qolastā 341f, 347, 417, 449
Quelle 439, 455, 513, 520-524
    Quellen (historische), arabische 407
    externe für die mandäische Geschichte 403, 420-428
    Quellenkritik 570
Qumran 4, 7, 17, 27, 41, 161, 335, 391f, 503f, 518, 520-522, 525-537, 539, 570, 687f
    Qumranschriften 155, 167, 192, 224, 396, 405, 491(A), 572

Rabbi Ḥaninah 156

Rabbi Hijja 156
Rabbi Hillel 156
Rabbi Joḥanan b. Zakkai 168
Rabbi Levi 156
Rabbi Sisi 156
Rabbinen / rabbinisch 157-159, 168, 178, 314, 322, 669
    Rabbinica 570, 575
Rāmowī 331, 336, 388, 415
Rasā'il 295
Raum 176
Re 496-498
Rechte (Hand) 513, 533
Rechtfertigung 52
Rechtgläubigkeit 265, 258f, 266
Rede der lebendigen Seele 725
Reformation 371
Reformator(en) 332f, 372, 390(A), 675
Reibung 445
Reich des höchsten Gottes 5
Reinheit / Unreinheit 19, 273, 345, 347, 452, 454, 497, 522, 571f, 574, 581, 588, 600, 620, 625, 688f, 696f, 749, 764
Reinigung 379, 573, 618, 675, 686, 696, 712
    Reinigungsbad 522, 578, 580
    Reinigungsgebet 341
    Reinigungsvorschriften 674(A)
Reise 244-251, 255, 454, 494, 750
    frühchristliche Reiseliteratur 244
    Reiselust 244f, 248, 255
Rekonstruktionsforschung 478
Religion(en) 14, 21, 50, 55, 60f, 78, 80f, 95-98, 104, 141(A), 211, 219, 224, 235, 243, 251, 258, 478f, 428f, 490f, 619, 753, 721
    babylonische 377
    kosmopolitische 147f
    philosophische 182
    semitische 249
Religions of Faction 55f
Religionsgeschichte 55, 78, 95f, 98, 123, 205, 210, 223f, 257, 287, 307f, 482, 564
    abendländische 54
    ägyptische 290, 493
    antike 273
    christliche 493
    hellenistische 5, 493

iranische   699, 713, 734
jüdische   156, 571
mandäische 316f, 370-401, 403,
    420, 459
spätantike   10, 29, 69, 373,
    400, 402, 630, 699
vorderorientalische   402
mittelalterliche   10, 29
Religionsgeschichtler   340
Sichtweise, religionsgeschicht-
    liche   173, 256-258
Religionsgeschichtliche Schule   xi, 3,
    10, 26, 34, 37, 42, 53, 99, 256,
    301, 774, 777
Religionsphänomenologie   55, 57, 147
Religionsphilosophie   10, 12, 14, 99,
    778
Religionsphilosophie   98, 210, 222
Religionswissenschaft   xif, 3, 56f, 69,
    97, 143, 150, 191, 256-258, 478f,
    482, 564, 656, 742, 773
Renaissance   12, 95
Rettung   176, 212, 395, 576-578, 759
Reue (metanoia)   116
Reziprozitätsformel   528f
Rezitation   343, 555, 613, 765
Rheginosbrief über die Auferstehung
    (NHC I 4)   283, 645, 664f
Rhomäer   218, 469f, 486
Riese   364
richa dhiia (Geruch des Lebens)   437
Riten   5, 25, 224, 226, 242, 319f, 334,
    377, 395, 419f, 439, 696, 765
    Rituale   211, 310, 322, 331,
        340-347, 430, 540
    Ritualbuch   250, 310, 341
    Ritualkommentar   398, 567
    Ritualmord   472
    Ritualtexte   321
    Ritualisierung   399
Römer   95, 602
Römerbrief   50
Rom   4, 11, 68, 75, 244f, 334, 390(A),
    585, 590, 599, 673
    Römisches Reich   752
Ruf   51, 440f, 465, 465, 514, 649,
    652, 759
    Rufer   752, 761
Rūhā (böser Geist)   318f, 364f, 374,
    394, 397, 412, 414, 444(A), 463-
    465, 467f, 472, 475, 483-490, 495,
    550

Ruhe   19, 23, 27f, 73, 76, 255, 325,
    447, 496, 514, 766
Rustam   357
Ryland Gr 457   280
Saba -K loster   282
Sabaoth   649
Ṣābat al-Baṭā'īh (Sabier der Marschen)
    614, 617
Sabaoth   442
Sabbaios   390(A), 588, 673(A)
Sabbat   475, 694
    Sabbatheiligung   680(A)f
Ṣābier   12, 333, 351, 389, 422, 538,
    547, 560, 563, 576, 590, 614f
    ṣābi'ūn   379, 614
    Leute des Buches   389
Sadduzäer   591
Säule der Herrlichkeit   760
Sagen   356f
Šāh Adel   357
Sahidisch   196(A), 634
Šahrastānī   733, 779
Šahrat   495
Šaiḫ Sālem Čoheylī   609(A)
Šaiḫ Zibid   357
Saklas   437, 446, 641f, 662, 760
Sakramente   25, 36, 218, 226, 263,
    374, 450, 472, 765
Salbung   25, 218, 442, 451, 454, 555
Salmaios   691
Salman al-Fārisī   296
Salomo   175, 203, 217, 357
Salvandus   148, 213, 438, 441, 449,
    761
Salvator   148, 213, 439, 761
    salvator salvandus   241
Sām   357
    Sām-Zīwā   495
Samarien   141(A), 150, 158
    Samaritaner   326, 57, 591
    Samaritanertum   162
Samen   181
Samgha   210
Sampsäer   589f, 616, 679(A), 680
Šāpuhrakān   693, 705-707, 739, 751
Sapientia   163
    Sapientia-Literatur   181
Sapientia Salomonis   163, 175-177,
    181f, 186
Sarakōtōn-Psalmen   677(A)f
Šarḥ ḍ Parwānāgê (Erläuterungen des
    Jahresendfestes)   311, 420

Šarḥ ḏ Qabin d Sišlam Rba 308
Šarh ḏ Taraṣa ḏ Taga ḏ Šišlam
  Rabbā 543
Sassaniden 329, 333, 336, 366, 389,
  410, 412, 414, 422(A), 426, 588,
  621, 707f, 749
Satan 161, 622
  Satanlegende 366
Satornil 27, 76, 128, 131(A), 135-137,
  140, 141(A), 151, 159
Šatrin 495
Saturn 495
Sauriēl 495
Schaleninschriften 361
Šapūhr / Schabuhr I. 247, 670f, 704-
  707, 749-751
Schatz des Lebens 755f
Schatzkammer 440
Schenute 288
Schichtenanalyse 363, 404
Schiiten / Schīʿa 13, 295-297
Schilfmeerlegende 412, 414
Schisma 256
Schlachtung 344, 420
Schlaf 645, 649
Schlange 113, 200, 202, 510
  Urschlange 498
Schlechtigkeit 125
Schöpfer 74, 127, 163(A), 317, 365
Schöpfergott 161, 198, 206, 318, 365,
  759
Schöpfung 4, 10, 19f, 27, 29, 58,
  124, 129, 135, 140, 166, 168,
  171f, 175, 178, 183, 211, 235,
  263f, 286, 364, 394, 429, 452, 507,
  526
  Schöpfungsdualismus 159
Schöpfungsgeschichte, allgemeine 140
  babylonische 365
  biblische 4, 123, 318, 365, 394
Schöpfungslehre, gnostische 72
  mandäische 364-366
Schöpfungsmittler(in) 163, 167
Schöpfungsmittel 438
Schöpfungsordnung 178
Schöpfungstheologie 165
Schöpfungsverfluchung 160
Schöpfungswerke 181, 183
Scholienbuch (Theod.bar Koni) 420
Schreiber 188, 281
  Schreiberintellektualismus 152,
    167(A), 189

Schrift 167, 189, 212, 235
  Schrift ohne Titel (SOT NHC
    II 5) 637, 660-665
  Schriftallegorese 148
  Schriftbeweis 158
  Schriftexegese 148, 158, 161,
    168, 186
  Schriftgelehrte 157, 197, 314,
    426, 547, 591, 611
  Schriftgelehrsamkeit 167
  Schriftreligionen 225
  Schriftrolle(n) 340, 345f
  Schriftsammlung 342
Schuld 305
Schulen 56, 170, 179, 185, 187, 239
  altmandäische 371
  babylonische 156
  gnostische 5f, 9, 24, 36, 40,
    44, 59, 107(A), 141, 204
  griechische 6, 70
  mandäische 397
  valentinische 272, 283
Schüler 550
Schutzformeln 314
Schutzmittel 313
Schweden 563
Schweigen 221
Schweiz 7
Schwert 368, 394, 487, 514
Sebuäer 576, 591
Seele 4f, 16(A), 17, 20, 21f, 29, 113f,
  124f, 130, 132f, 134f, 137-140, 142,
  161, 164, 176, 181, 198, 205f, 213f,
  230, 233f, 236f, 239f, 249-252,
  254f, 272, 292-295, 317-319, 321,
  324, 341, 346f, 349, 363, 366f, 376,
  394, 397, 429, 437, 440-444, 450,
  455f, 464, 476, 496, 498, 500f,
  510f, 533, 548, 554f, 612, 624, 646,
  655, 710, 763f
  Seelenaufstieg 23, 27, 36, 51,
    115, 118, 176, 250, 292,
    319, 346, 349, 368, 395,
    429, 436, 447, 450, 484,
    486, 493, 509, 541, 554f,
    594, 613, 710, 761
  Seelenaufstiegshymnen 304,
    349, 373
  Seelenaufstiegslehre 157, 161,
    321
  Seelenaufstiegsmesse 404
  Seelenaufstiegszeremonie 388,
    450

Seelenboot 496
Seelengedächtniszeremonie 346
Seelengeleiter 395
Seelengericht 319
Seelenlehre 446-448
Seelenmesse 250, 320f, 341f,
    344, 395, 420, 450, 461,
    476, 509, 546, 554, 613
Seelenreise 249-254, 310, 447f,
    450, 493-501
Seelenrichter 364
Seelenverwandtschaft 51
Seelenwaage 251f, 254, 347,
    496, 500
Seelenwanderung 239, 296
Seelsorge 16
Sēfer ha-rāzīm 158, 314, 392, 419(A)
Segen 168(A), 176
    Segnung 455
Seidenstraße 244, 753, 767
Sein 27f
Sekte(n) 6, 9, 13, 53, 56f, 70, 74, 153,
    235, 256, 259, 297, 328, 491
    gnostische 3, 160, 169, 306
    jüdische 160
    phrygisch-jüdische 130
Selbst 16, 45-47, 50f, 233, 394, 710,
    716, 758, 761
    Selbsterkenntnis 212
Selbstdefinition 258, 262, 273f
Selbstinterpretation 258
Selbstverständnis 256-260
Seleukiden 335, 602
Seleukia-Ktesiphon 75, 245, 248, 588
Sem 325, 448f, 761
Semasiologie 212
Semitisch 517
    Semitisten 340, 458
Sendungsbewußtsein 688
Seneca 104
Septuaginta (LXX) 192f, 195, 263
Serapion von Thmuis 288
Sēres (Volk der Seren) 582, 583(A),
    679(A)
Sermon vom Licht-Nous (BTT XVII)
    715f, 718(A), 725f, 761
Sermon von der Seele 725, 761
Seth 47, 171, 182, 194(A), 196(A),
    202, 206, 229, 294, 319, 325, 429,
    438, 448f, 480, 644, 651f, 663, 761
    Sethianer / Sethiten 153, 160,
    171, 202, 583(A)

sethianisch 134, 326, 335, 434,
    660
    Seth-Christus 202
Severus von Antiochien 730, 733,
    779
Sextussprüche (NHC XII 1. 3) 283,
    286
Sfar Malwaša 308, 540, 543
Sheol / Scheol 514, 533
Shibboleth 47, 78, 99, 266
Shīmbār 386
Sia 497
Sibylle 580, 687
Sidrā rabbā 371
Sieg 514
Siegelung 451, 454
Šilmai 456
Simeon 614, 671
Šimôn bar Sabbā'ê 421
Simon Magus 13, 27, 42, 59, 76,
    128f, 146, 151, 159, 162f, 196(A),
    201, 211, 296, 575
Simplikios 731
Simurgh 357
Sintflut 202, 206, 218, 357
Sippe 210, 306
Sisinnios 752
Sišlam, Großer / Šišlam R(ab)bā
    343f, 345, 495
Sita 390(A), 588, 675, 692
Šitil / Seth 132, 319, 368, 440, 446,
    480, 495, 612
Ši' ur Qômāh (Gestalt Gottes) 143,
    155
Skepsis 163, 165f, 169, 179, 185
Sodom 203, 206
Sogdien 753
Sohn 213, 453, 507, 647, 662
    Söhne des Lichts 440
    fünf Söhne des lebendigen
        Geistes 759
    fünf Söhne des Urmenschen
        759
Sokrates 94, 103, 676(A)
Soldas 451
Soldaten 244
Sonne 137, 247, 249f, 347, 466f,
    483f, 494f, 619, 641, 651, 759f
    Nachtfahrt der Sonne 494, 496
    Sonnengott 249, 357, 498
Sonntag 375, 475, 495, 498
    Habsabba 475, 495, 498, 613

Sophia 124, 126-129, 136, 163f, 170-173, 176-181, 195, 198, 200, 209, 215, 270, 289, 439, 639f, 647, 649, 661f, 706, 755, 758
Sophia (Weisheit) Jesu Christi (SJC; NHC III 4 und BG 8502, 3) 7, 108-110, 112, 114f, 119, 142, 171, 212, 226f, 269f, 283, 637, 660-662, 664
Sophiamythos 163, 172f
Soteriologie 20-24, 46-50, 99, 152(A), 167, 172, 175, 177, 181f, 189, 266, 291, 321, 440-442, 491, 644-648, 650-652, 663-666, 709, 715, 758
Sozialeinheiten 210
Sozialwissenschaft 150
Soziologie 50, 66-69, 79, 81, 92f, 97, 99, 210, 220f, 257, 478
Spanien 11, 242, 244
Speise 619, 766
    sakramentale 512
    Speisegesetze 585, 625, 674(A), 675, 688, 749
Spiritualismus 54
    Spiritualisierung 167, 689
Sprüche Salomos 175f, 181, 393
Staat 26, 222
    Staatsethik 152(A)
    Staatskirche 333
    Staatspachtsystem 602, 689
    Staatsreligion 15, 78, 101
Stamm 210
    Stammescharakter 211
    Stammesreligion 57
Stein 137
Sterbende 555, 594
Sterbepsalmen 215
Sterbesakrament 450
Sterbezeremonie 436
Sterne 454, 496
    Sternglaube, spätbabylonischer 374
Stifter 56, 95, 463, 632, 656
    Stifterreligion 56, 59, 742
Stimme 440
Stoa 16
Strafe 176, 236
    Strafandrohung 221
Streit 236, 251, 255
Strophaia 438
Stütze 533
Subachmimisch 196(A), 633f

Subjektivität 96
Sünde 242, 264, 464, 554, 641, 763-767
    Sündenbekenntnis 766f
    Sündenvergebung 238, 272, 322, 452, 584, 586
    Sünder 161, 236, 254
Šum bar Nū 449
Sumer 354
Sūq eš-Šujūh 400(A)
Šurbta dhiia (Geschlecht des Lebens) 437f
Susiana 248, 751
Šūštar 357, 360(A), 562
Symbiose 62
Synaxeis 755
Synkretismus 36, 139, 150, 154, 169, 297, 393, 435, 656, 735
Synode 273, 390(A)
Synthese 224, 284f
Synusie 172, 176, 181
Syrien / syrisch 11, 13, 44, 58, 75, 122, 150, 158, 169, 179, 218, 244, 279, 285, 288, 292, 295, 330, 349, 373, 381, 384, 390(A), 393, 435, 459, 461f, 470, 481, 501, 580, 590, 599, 636, 680, 704, 721f, 735, 750, 753
    Syrer 565
    Syrisch 71, 350, 518, 671f, 706
    Syrisch-aramäisch 283
System(e) 54, 60, 136, 140, 146, 234, 700f, 708, 739, 757
    gnostische 9, 11f, 45, 47, 51, 135f, 141, 145, 170, 434f, 444, 778
    philosophische 13
Syzygien 171, 661f
Syzygos 655, 672, 675, 677(A), 692, 697, 749

Täufer / Baptisten 245, 247, 333(A), 335, 407, 422, 455, 538, 570-603, 682, 687, 748f
    Baptismus 311, 326
    Täufersekte 390(A), 451, 672, 688f (Definition), 692f
Täuschung 241f, 447
Tagewählerei 353
Taijibiten 297

Talismane 313, 356
Talmud, babylonischer 539
    Talmudisch 427
Tamīmī 293
Tammūzreligion 377
Tang-e/i Sarvak 385, 423, 425(A)
Tang-i Butan 386(A), 423, 425(A)
Tang-i Chilau 386(A)
Taoismus / taoistisch 145, 240, 754
Targum 195
Tartaros 444
Tat 212
Taten des Petrus und der 12
    Apostel 636
Tau 137
Tauchbad 320, 391, 430, 522, 569,
    572, 576-578, 581, 586, 594, 598f,
    686-688, 694, 696
Taufe 23, 25, 254, 261, 263, 310f,
    320f, 331, 341f, 344-347, 350, 374,
    388, 391, 395, 404f, 420, 430, 436,
    441, 448, 450-457, 461, 465, 472,
    474, 476, 541f, 551, 553-555, 557,
    563f, 574, 580f, 584, 586, 593-598,
    600, 626, 666, 686, 697, 749
        Masbuta 320, 341f 345f, 450,
            461, 574, 696
        Taufengel 455f
        Tauffeier 341
        Taufliturgie 310, 523, 546
        Taufsekte 391, 407, 422, 430,
            435, 462, 523, 525, 547,
            569-571 (Definition), 592-
            595, 686f
        Taufsekten, jüdische 376, 405,
            525, 571-595
        Taufzeremonie 440, 525
Tauma 655, 672, 749f
Teheran 567
Tempel 76, 215, 228, 549, 552, 578,
    592f (A)
        Tempeldienst 573
        Tempelkult 599f, 689
        Tempelpriesterschaft 156f
        Tempelrolle 192
        Tempelweihe 311, 344, 540,
            553, 613
Terminologie 34-43, 45, 50, 155,
    157, 225, 233f, 256, 267, 274, 294,
    304, 310, 339, 364, 451, 478, 754
Tertullian 6, 11, 24, 44f, 71, 129,
    265, 266(A), 273f, 575

Teufel 6, 27, 161, 264, 294, 581, 708
Textaneignung 149
Textauslegung 149
Themageschichte 363
Theodizee 215
        Theodizeeliteratur 150(A)
        Theodizeetexte 122
Theodor bar Kônai 295, 329, 333,
    378, 414f, 420f, 545, 609, 615f,
    623, 641, 679(A), 708, 733, 779
Theodosios (379-395) 753
Theodotos 23
Theogonie 363f, 393, 436
Theologie / Theologen 13f, 50, 99,
    146, 174, 222, 256, 262, 269
        byzantinische 11
        christliche 10, 47, 266f, 284
        gnostische 10, 24, 28, 284
        mandäische 307, 309, 317,
            352
        paulinische 375
        protestantische 3
        Theologiegeschichte 14
Theosophie 99, 492, 707
Therapeuten 279, 285
Thessalonicherbrief, 1. 50
Theudas 228
Thomas 110f, 117, 245, 265, 750,
    753
        Apostel des Mani 288
Thomasakten 335, 536(A), 778
Thomasevangelium (EvThom NHC
    II 2) 19, 179, 269, 280-283, 286,
    435, 635f, 660
Thomaspsalmen 322f, 333, 336, 342,
    349, 406, 610, 680, 757
Thot 16, 120
Thronwagenspekulation 157
Throngenossin Gottes 175
Ṭib 331, 388, 415
Tibet 58
Tibil 132, 134, 194(A), 252, 255, 310,
    318, 365, 394, 456, 495
Tiefe 234, 236, 655
Tiefenexegese 212
Tier 200, 444f, 760, 764
        Tierkreiswesen 250, 365, 619
        Tierkreiszeichen 230, 309,
            318, 324, 365, 394, 446,
            463, 469, 555
Tigris 479, 538, 551, 626
        diglat zuta 411

Timotheus 691
Titus von Bostra 730, 733, 779
Titusbrief 280
Tod 10, 22f, 114, 129, 166, 171,
    175f, 184, 214f, 226f, 230, 233,
    237, 239, 249f, 252, 268, 270-272,
    321, 347, 349, 396, 484, 499, 552,
    554, 613, 640, 752, 761
    Todesreise 248
    Todesschlaf 643
    Todesstrafe 230
Töpferorakel 187
Tonschalen 354f, 416, 543
Tora / Thora 164(A), 177, 192, 464,
    484, 491, 571
    Thoraverschärfung 601, 688
Totenbuch, ägyptisches 494, 496-500
    mandäisches 347
Totengedenkmahl 25, 311, 344, 420,
    476, 555
    Totengedenkfeier 251
    Totenmahl 251, 321, 341,
        347, 485(A)
Totenkult 501
Totenmesse 250, 252, 310f, 320f,
    331, 341, 345, 405, 542, 553, 613,
    625
    Masiqta 320, 341, 344-347,
        349, 613
    Totenzeremonien 324, 349,
        450, 472, 476
Toter 465
Tradition 10, 17, 50, 96-98, 100,
    141, 147, 151, 154, 170, 173, 210,
    212, 214, 224, 229, 244, 265, 482
    ägyptische 154
    altjüdische 138
    babylonische 154
    biblische 287
    buddhistische 233
    chinesische 233
    christliche 26, 47, 60, 66,
        130(A), 154, 212, 233, 453
    christlich-gnostische 659
    griechische 19, 77, 154
    hellenistische 290
    iranische 154, 233
    jüdische 26, 47, 60, 154, 158,
        233, 290, 322
    mandäische 164, 383f, 398
    orientalische 77
    parthische 290

rabbinische 154, 322
samaritanische 162f
simonianische 137
syrische 286
uigurische 233
zoroastrische 19, 60, 233
Traditionsbildung 209
Traditionsgeschichte 363, 546
Trajan 584, 679(A)
Traktat 105, 266, 374, 661
Traktat de Resurrectione 633
Traktat Pelliot 728, 779
Traktat über den Ursprung der
    Welt 51
Transformation 180, 718, 736, 738,
    756f
Translation 738
Transliteration 361
Transoxisch 753
Transzendenz 15
    Transzendentalisierung 183,
        364, 394
Trunkenheit 440f, 514, 697
Türkica 194
Türkisch 755
Türschwellen 355
Tun-Ergehen-Zusammenhang 183
Tun-huang 656
Tura-Manuskripte 282
Turan 704, 750
Turfan 11, 78, 656f, 699, 724, 726,
    739, 754, 761, 765
    Turfanfragment M 17 670
    Turfanica, Leningrader 732
    Turfan-Manichaicum 4575 616
Turkestan 753f
Typologie 136, 200, 265, 267, 778

Übergang 442
Überlieferung 56, 63, 67, 94, 98, 148,
    150-153, 167, 184, 189, 221, 263,
    273, 478, 546
    alttestamentliche 212
    apokryphe 282
    biblische 182, 212, 262, 414,
        449
    christliche 11, 264
    gnostische 64, 66, 148f, 151,
        160, 295, 304
    griechische 120, 145, 149
    jüdische 156, 177f, 192, 501

mandäische 159, 231(A), 306,
312, 314, 333, 360, 371,
375, 393, 399f, 403, 405,
409-420, 426, 480, 490, 501
talmudische 410
vorgnostische 21
weisheitliche 165
Überwelt 229
Ugaritisch 427
Uiguren 78, 101, 239, 754
Uigurica 725, 732
Umm al-Kītāb 296
Umschreibung 205
Umstilisierung 707
Unglück 354, 356
Unheilsgeschichte 206
Unhold 364
Universalismus 54
Universalreligion 60, 742
Untertauchung 430, 553, 574, 593f,
613, 686, 696
Selbstuntertauchung 586, 593
Unterwelt 437, 441, 445, 494, 496f,
500, 506, 759
Unterweltreise
Upanisaden 364
Uppsala-Schule
'Ur 364, 366, 374, 485, 550
Urbild 28, 178, 319, 368, 700, 703
Urfall 304
Urgeschichte 194(A), 205f
Urkampf 304
Urmensch 20, 36, 123, 141, 130,
139f, 143, 171, 206, 208, 236, 444f,
623, 638, 640, 642, 644-646, 648,
661f, 706, 709-711, 759-761
Uroffenbarung 229, 319, 368, 429,
474
Urreligion 548
Urstoff 168
Urvater 638, 661
Urwasser 453
Urzeit 4f, 21, 27, 161, 166, 173, 186,
199, 207, 319, 324, 395, 445, 641,
652, 662, 755, 761
jüdische 182
USA 90, 95, 565
Uthra(s) 131f, 134, 364, 367, 440,
442, 456, 514f, 534
Uthrê 438

Vater 124f, 128, 172, 213, 216, 234-
237, 271, 437-439, 441f, 447, 449,
465, 647, 661f, 760
Vater Adams 134f
Vater der Größe 706, 716,
758f
Vater der Uthras 131, 134f
Vaterschaft 448, 455
Valentinian I. 730, 753
Valentinianer 28f, 71, 199f, 203, 232,
651
Valentinianismus / valentinianisch
11, 27, 45, 123, 142, 171f, 227,
271f, 285, 287, 293, 314, 434, 636,
647, 654, 660, 779
Valentin(os) 62, 98, 128, 143, 146,
204, 211, 245, 261, 272, 284, 636,
648, 666
Venedig 278
Venus 356, 495
Verbergen 221, 242
Verborgene 230, 236
Verbot 226, 230
Verdichtung 365
Verfolger 515
Verführungsmotiv 641f 663
Vergehen 515
Vergeistigung 451, 453
Vergesellschaftung 221
Vergleich 322f
Verhalten 210f
Zehn Verhaltensregeln der
Katechumenen 765
Verhaltensweisen 96, 224, 233,
264
Verheimlichung 223, 230, 232, 239f,
765
Verinnerlichung 231
Verneinung 222
Vernunft 20, 73, 101, 250, 756, 760
göttliche 17, 120, 127
Verrat 221
Verschriftlichung 221
Verschwiegenheit 221
Verschwörung 222
Versiegelung 553, 594
Verstellung 242
Vision 357, 655, 749
Vita Adae et Evae 570, 581, 687
Vohumanah / Vahman 703, 719
Volk 210, 564f, 652
Volkscharakter 211

Volkserzählung 340, 398
Volksreligion 15, 55-57, 65,
97, 99, 478
Vollkommene 70, 82, 763f
Vollkommenheit 455
Vom Ursprung der Welt (NHC II 5
und XIII 2) 212, 660
Von den Mysterien 238
Vorsokratiker 14
Voraussetzungen xi, 3

Waagemann 364
Wachthäuser 251, 253f, 321, 325,
347, 445, 448, 464, 486, 495-499,
613
  höllische 472
Wächter 73, 448, 499, 759
Wahrheit 104-106, 171, 226, 231,
235, 241f, 248, 453, 515, 530, 647,
655f
Wahrnehmung 15
Wahrsager 353
War Kabud 423
Waschung(en) 25, 320f, 391, 430,
450, 453, 455f, 554, 557, 563, 569,
572f, 586, 588, 594-596, 599f, 686-
689, 694, 696, 750
Wasser 124f, 131, 133(A), 162, 168,
236, 253, 318f, 320, 324, 364f, 368,
374, 394, 397, 430, 437-439, 444,
446, 450-456, 497, 509, 515f, 520-
524, 553, 555, 569, 572, 574f, 577,
580, 587f, 593f, 596-601, 619, 624,
688f, 694, 696, 750, 755, 758f, 764
  Wasser des Lebens 162, 441,
448, 451, 454-456, 465, 521,
624
  Wasserriten 422, 450-456,
522, 557, 686, 688
  Wasserweihe 320, 476
  abgeschnittenes 465, 472
  himmlische Gewässer 251,
454-456
  Mischwasser 593(A)
Weg 515f, 533
Weihe 344, 420
Weihrauch 442, 510
Wein 516
Weiser 188
Weisheit 170-189, 235, 237, 248,
264, 283, 289, 754-756, 758

alttestamentliche 170, 174,
177, 180(A)
gnostische 172, 229, 449
jüdische 46, 48, 77, 100,
135(A), 150(A), 152, 161-
169, 170, 172, 174, 176f
Weisheitschristologie 177, 267
Weisheitslehre 161-169, 187f,
756f
Weisheitslehrer 269, 393, 429
Weisheitsliteratur 17, 27, 170,
174, 176f, 181, 184, 198
Weisheitswelt 706f
Spruchweisheit 179
Welt 5,10, 16, 19, 21f, 25, 27-29, 50,
59, 72-76, 80, 93, 99f, 127f, 131f,
134, 145, 161, 164-167, 175, 177,
198, 206, 213f, 229, 231, 233-236,
240-242, 244, 248-251, 263f, 269,
305, 318, 324, 396, 429, 441, 486,
548
  5 Welten 758
Weltablehnung 264, 269, 365, 688
  Weltfeindschaft 396
Weltalterlehre 217, 682(A), 693
Weltanschauung 149, 339, 482, 490f,
631, 776, 780
  Weltauffassung 150, 162, 199,
285
  Weltbetrachtung 166
  Weltdeutung 225
Weltbild 481
  antikes 3, 491
  astrales 446
  biblisches 491
  gnostisches 145, 157, 212, 483
  mandäisches 311, 348, 415,
543, 554, 609
Weltdasein 305f
Weltende 218, 712
Weltentstehung 238, 270, 305, 763
Welterfahrung 184
Welterkenntnis 174
Weltfremdheit 165
Weltgefühl 150, 287
Weltgericht 762
Weltgeschehen 186, 206, 393
Weltgründung 236
Weltherrscher 641, 662
Weltordnung 174, 183f
Weltpessimismus 150, 177, 186f
Weltprinzip 161

Weltreligion 11, 13, 38, 46, 53-60,
    65, 79, 102, 147, 211, 245, 259,
    607, 654, 659, 698, 742
    Definition 56, 698
Weltschöpfung 178, 182, 215, 318,
    357, 364-366, 394, 397
Weltseele 175, 293
Weltverachtung 165
Weltverständnis 149, 178, 532
Weltwerdung 364
Werden 27f
Wiedergeburt 476, 765
Wind 125, 131, 137, 619, 759
Wirklichkeitsbewältigung 174, 183,
    185, 188
Wirkungsgeschichte 10-13, 77-79,
    102, 259, 265
Wirtschaft 150f
Wirtschaftswissenschaft 150
Wirtsreligion 147
Wissen 5, 10, 12, 16f, 20f, 44f, 51,
    76, 94, 96, 100, 102, 145f, 161,
    165, 167, 202, 212, 223, 226, 230,
    233, 238, 294f, 439, 480, 505, 520,
    525-527, 688, 765, 774
        Wissende 174, 221, 480, 525f,
        761
Wissenschaft 370
    antike 105
Witwenbetreuung 263
Wohlgeruch 442
Wolke 516
Wort 212, 440
Wu (684-704) 753
Wurzel 162, 443, 516f, 521, 523
Wyclif 95

Xradēšahr 706

Zacharias-Mitylenos 730
Zacheas 692

Zal 357
Zandiq 160
Zauber(ei) 216, 239, 314, 466f, 486
    Zauberer 464, 467
    Zauberhandlung 418
    Zauberpapyri 313, 623
    Zauberrollen 313, 355
    Zauberschalen 312, 387(A),
        419
    Zaubertexte /-literatur 98,
        159(A), 308f, 312-314, 340,
        354-356, 358(A), 375, 403,
        416, 419, 463, 609, 611,
        721f
Zazai d Gawazta bar Natar 331, 336,
    388, 415
Zeit 186, 706
    Zeitalter 217f
    Zeitalterlehre 368, 446
    Lehre von den drei Zeiten
        708, 710-712, 757, 762
Zeloten 591, 601
Zentralisierung 222
Zeugnis der Wahrheit (TestVer NHC
    IX 3) 63, 214, 226
zidqa 374
Ziḥrūn raza kasia (Zihrun das
    verborgene Geheimnis) 346
Zöllner 73, 325, 448
Zoroaster / Zarathustra 57, 60, 289,
    454, 479, 651, 656, 698, 703, 707-
    709, 713, 754, 757, 761
Zoroastrismus / zoroastrisch 4, 27,
    56, 60, 64f, 101, 145, 149, 332f,
    389, 416, 601(A), 706-713, 742,
    753, 778
Zostrianos (Zostr NHC VIII 1) 407,
    454f
Zurvān 706f, 758
Zurvanismus 60, 64
Zwang 305
Zweigötterlehre 212
Zypern 245

STELLENREGISTER

ANTIKE AUTOREN LATEINISCHER UND
GRIECHISCHER SPRACHE

Aristot Metaphysik BuchL
9   714

Athan Vita Antonii c.
68   287

Aug De haer
70   241
Aug De mor. Manich. c.
10.18   764

1. Clem
8, 3   197

Clem ExcTheod
50, 1-3   200
67, 2   408
78, 2   23
Clem Stromata
III, 2   73(A)
IV , 81-83   232(A)
VI , 53, 3   676(A)

Did
7,1   596
2-3   596

Didym De trin.
III 42   630(A)

Epiphan Anakeph.
II 30, 3   597
II 30,4   597
Epiphan Panarion
9-13   591
11   576
14-20   591
15,   3597
16, 1   597
17,1-5   574
17, 4   573f(A)
19, 1.8-2, 1   231(A)

19   582
19, 1   589
19, 1,1   589
19, 2,1   589
19, 2, 12f   589
19, 3   584
19, 3,3   231(A)
19, 3,6   585f(A)
19, 3,6f   589
19, 3,7   601(A)
19, 4   584, 589
27, 4,1   127(A)
27, 4,2   127(A)
30   597
30, 2,4f   597
30, 3   679
30, 9f   597
31, 2   284
33, 3-7   202
37   126
37, 4   127(A)
37, 4,3   127(A)
53   582, 589
53, 1   679(A)
53, 1, 2.5f   589
53, 1,3   589
66, 29,1   643
69, 1,2   279(A)

Euseb Hist eccl.
II, 16, 1   278
II, 17   279
III, 32, 7f   273
IV, 7, 7   232(A)
IV, 22   573, 591
VI, 38   231(A) , 232(A)
VIII, 1, 79   273
Euseb Praep. evang.
XIII, 12, 9ff   175(A)

Gregor v. Nyssa De bapt.
MPG 46, 421   596

Hieronymus Adv. Luc.
23   597

Hippolyt Ref.

IV, 8-10	207
V, 6-11	198(A)
V, 7,6f	129f
V, 9,22	261
V, 24,2-27,5	160(A)
V, 25,5	203
V, 26,7ff	138(A)
V, 26,9	139(A)
V, 26,24ff	202
VI, 9-18	146(A), 196
VI, 35, 2f	203
VI, 35,6	200
VII, 28	128(A)
IX, 13	390(A)
IX, 13, 1-3	583
IX, 13, 4	586, 696
IX, 13, 13-17	582
IX, 13, 15	584
IX, 14, 1	585
IX, 15, 1	586
IX, 15, 3	586
IX, 15,4f	586
IX, 15, 5f	586
IX, 16, 1-3	586
IX, 16, 1	587
IX, 16, 2f	589
IX, 16, 4	584
IX, 18	591
IX, 26	591
X, 13, 3f	200
X, 15, 7	138(A)
X, 29	582, 585
X, 3	586

Ignatius Eph.

9, 2	260

Phld

8, 2	274

Irenäus Adv. haer. Pap. Ox.

III 4,5	280

Irenäus Adv. haer

I 3, 2	227
I 5, 5 -6	142(A)
I 5, 5	200
I 6, 3	232(A)
I 13, 3	71(A)
I 18, 1	163
I 21, 4	22f
1 21, 5	115
I 23, 2	129(A), 203

I 23, 5	203
I 24, 2	203
I 24, 4	270
I 24, 5	232(A)
I 25, 5	450
I 29	123
I 30,	1171
I 30, 3	171
I 30, 6	126, 135(A), 171
I 30, 9-13	171
I 30, 10	202f
I 30, 14	227
I 30, 15	171
III 11,	144
IV 33, 8	273(A)

Irenäus Op. cit.

I, 24, 1 1	2f

Irenäus Ref.

V, 23, 3	45
VII, 35, 1	45
VII, 36, 2	45
IX, 4	45

Joh. Damasc. de haer

30	598
53	679(A)

Josephus Ant.

18, 1	591
18, 116-119	576

Josephus Bell. Jud.

II, vii, 7, 137	522
II, 8, 129	572

Justin Apol.

I 61, 2	596

Justin Dial. c. Tryph.

35, 2-6	160(A)
62	138(A)
80, 3f	160(A)
80, 4	573, 591

Kyrill v. Jerusalem Katech.

4, 36	635(A)

Origenes c. Cels

3, 13	160(A)
4, 28	160(A)
5, 61	44
6, 31	201

Philo Leg. all.
II 79-81 200(A)
Philo De confus. ling.
§ 176 138(A)
Philo De fuga
§ 69 138(A)
Philo De opific. mundi
§ 25 138(A)
§ 69 138(A)
§ 72-75 138(A)
§ 76 137(A)
§ 137 137
Philo De vita contempl.
§ 25 192

Platon Phaidon
83b 714
Phaidros
247c 714
Phaidros
276e-277a 16(A)
Philebos
28c 714
Rep.
VI 508d 714

Plinius d. J. epist.
X 96. 97 232
Naturalis hist.
VI 26, 117 382

Plotin Enneaden
II 9, 18 74
V 5, 3 722

Ps.-Clem. hom
I, 17 580
II, 23ff 580
II, 23 575, 591
Ps.-Clem. Rec.
I, 39, 48, 5 598

Tertullian Adv. Marc
III, 5 265
Tertullian De anima
18 45
Tertullian De bapt.
4 596
15 575
Tertullian De carnis resurect.
5 129

Tertullian De oratione
14 575
Tertullian De praescr
30 284
41 71(A)
Tertullian Scorpiace
1, 5 45f
Tertullian Val.
39 45f
Theodor b. K. lib. schol.
II 301 Scher 598
Theodor b. K. Mimra
XI, 311, 14ff
Scher 615
XI, 307, 1-7 616
XI, 343f 615

BIBELSTELLENREGISTER

Gen
1-11 198
1-9 205
1-6 201, 207
1-2 191
1 167(A), 175(A), 318,
365, 394
1, 1 164, 168(A), 198,
485
1, 1 LXX 113
1, 1f 452
1, 2 198
1, 3.9-10
LXX 208(A)
1, 24 138
1, 26ff 123
1, 26f 200, 206, 208
1, 26 198, 128, 131(A),
135f 138, 142, 159
1, 27 198
2 178
2, 4 196(A)
2, 7ff 198
2, 7 137, 200, 208
2, 9 200
2, 10-14 198
2, 17 198
2, 21 198
3 200, 206, 208
3, 1-20 198
1, 20 639

1, 23f	198	8, 35f	183
1, 24	514	9, 1-6. 13-18	175
4	202	13, 15	188
4, 25f	202	15, 15	188
6-9	202	22, 17	188
6	178, 208	24, 23	188
14, 18-20	203	25, 1	188
18, 16-19,29	203	30, 1-4	165
22,2	466(A)		

Pred

Ex		7, 75ff	185
13f	485	8, 1ff	185
		9, 1-3	184
Lev		9, 11f	184
15	598, 600, 689	11, 8	184

Hoheslied

Num		6, 8	6
21, 6-9	200		
21, 68	200	**Jer**	
24, 17-18	583(A)	6, 3	175
		8, 9	188
Dt		18, 18	188
19, 15	197	50, 35	188
23, 12	575		

Jes

Jos		5, 19	165
3, 14-17	577(A)	6, 3	198
		6, 10	198
2.Chr		26, 3	533
3, 1	466(A)	30, 12	197
		30, 19-20	197
Hiob		44, 2	159
14, 1ff	166	45, 5	198
78	165, 174	46, 9	198
32, 8	181		
32, 18	181	**Ez**	
		1	156, 167(A)
Ps 37	183	7, 26	188
Ps 49	183	31, 14	521
Ps 73	183	36, 24f	576
Ps 90	165	36, 28f	576
Ps 93, 3	572		
Ps 103, 14	166	**Dan**	
Ps 104, 24	175	2, 21	380
Ps 135, 5	137	4, 31	380
Ps 139, 6	137(A)	4, 33	380
		5, 12	380
Spr		7	167(A)
1, 8-9, 18	175		
3, 19f	175	**Zeph**	
8	180	1, 12	165
8, 22ff	175(A)		

Mt	
3, 6	577
3, 7ff	475
3, 13	577
3, 16	577
3, 17 par	267
4, 8-10	264
7, 7f	213
11, 1ff	579
11, 5	474
16, 13-19	229
18, 16	197
19, 10-12	264
24f	762
26, 21	475
28, 9f. 16-20	229
28, 19	595, 687

Mk	
1, 5	577
1, 8	577
1, 9	577
1, 9-11	579
2, 18ff	579
3, 7	577
3, 11	578
7, 3f	575
12, 3	228
13, 3	227
16, 1ff. 9-20	229
16, 19	227

Lk	
1	561, 579
3, 21	577
7	578
24, 36ff	229
24, 44	192
24, 50-53	227

Joh	
1, 6f	579
1, 14	267
1, 19f	579
1, 29-34	579
1, 35ff	596
3, 22ff	596
3, 22	594, 687
4, 1f	595, 687
6, 69	14(A)
8, 31-36	264
12, 31	264

15, 1	381
16, 11	264
20, 24ff	229

Apg	
1, 3	227
1, 4-14	227
1, 12	227
1, 23. 26	227f
2, 10	279
3, 13-23	279
2, 38ff	595, 687
8, 36	596
18, 24-28	279
19, 1	279
20, 29f	273
9, 1ff 229	229
11, 26	259
13, 14	227
13, 31	227
18	285
19, 1-7	579

Röm	
5, 12ff	141(A)

1. Kor	
2, 2	267
2, 6-8	264
7, 1f	264
7, 32-34	264
8	44
8, 10	232
10, 10-22	232
15, 44ff	141(A)

2. Kor	
4, 4	264

Gal	
1, 15f	
3, 19	202
4, 3. 9	264

Eph	
2, 2	264
3, 15	130(A)

Phil	
2, 6-11	266f
2, 7	267

1. Tim

1, 10	274
1, 19	62
4, 2	62
6, 5	62
6, 20	4, 18, 44, 62, 145

2. Tim

2, 4	274
2, 16	62
2, 18	62
3, 1-9	160
3, 8	62

Tit

1, 15	62
3, 9f	62

1. Petr

3, 18	268

2. Petr

2, 1	62

Hebr

10, 22	596

Apk

1, 8. 17	475

GNOSTICA / HERMETICA

Corpus Hermeticum (CH)

VI, 68	283
VII 2.3	22

Apc Jac

I 28,5-29,3	115
I 33,21-35,25	115

ApcP

19 (13), 15-18	115

AJ II

1, 31,26ff	227
3, 25f	113
13, 17f	113

AJ III

1, 30,26par	226
39,17fpar	226

39,24-40,4	226
40,5par	226

AJ IV

1, 1ff	113
1, 49,17-21	226
34, 15pass	111
42, 15f	111

AJ BG

II, 1	171, 207

AJ BG

20, 7f	113
21, 4	648
25, 13	638
26, 17-19	439
26, 19f	456
27, 3	456
27, 5-13	639
27, 12	439
27, 19-20	639
29, 8ff	638
30, 16	439
31, 5ff	644, 647
34, 19-35, 10	640
35f	644
36, 2ff	652
37, 5	649
38, 10-12	639
41, 6	641
41, 18	641
42, 11	641
44ff	230
46, 15ff	649
45, 6f	113
47, 14ff	124f
47, 15f	127(A)
48-55	124-126
48ff	642
48, 11-13	128(A)
49f	135(A)
49	127(A)
51	131(A)
53	135(A)
53, 8ff	645
54f	131(A)
55, 2-8	640
55, 7f	640
56, 13	439
57, 4f	640
57, 8ff	643
58, 1f	113
58, 14f	113
59f	141

61, 13	439
62, 3-10	642
63	644
63, 12-14	644
64, 13ff	113
65, 3ff	646
66, 13ff	114
67,19-68,2	114
67, 7ff	646
68, 13ff	114
69, 14ff	114
70, 1	112
70, 8	114
71, 3ff	114
71, 5ff	646
75, 19	439
76, 10ff	114
76, 10-15	226
76, 16	439
78, 9	439
151, 15-18	647

EvM

10, 10ff	108
10, 20-23	645
15, 5	110

Memar Marqah

II § 1	162(A)
II § 7	162(A)
II § 8	162(A)
II § 9	162(A)
II § 10	162(A(
II § 12	162(A)
IV § 1	162(A), 163(A)
IV § 2	162(A)
IV § 3	162(A)
IV § 3, 137,14f	164(A)
IV § 7	162(A)
IV § 9	162(A)
IV § 10	162(A)
IV § 12	162(A)
V § 3	162(A)
VI § 1	162(A)
VI § 2	163(A)
VI § 2, 134	164(A)
VI § 3	162(A)
VI § 3, 3,7	162(A)
VI § 4	162(A)
VI § 8	162(A)

Jêu I

33	118
39	118
40	118

Pistis Sophia (PS) c.

1-100	109
1, 2	227
2-6	228
4, 11ff	228
7ff	116
18-21	116
18f	109
18	203
22-23	116
25	112
27, 19	197
28	116
29, 30	110
30	116
32-57	116
42	111
43	203
43, 50.52	117
52f	197
57-82	117
58f	197
58	109
61ff	108
62f	197
62, 23	111
66f	197
66	109
72	109
72, 17	197
75f	108
76, 29	111
77-81	117
77: 110, 14	108
77: 111, 23	108
81f	197
82-89	117
89, 34f	109
90f	117
92-94	117
94ff	118
97	118
98	118
99	118
100	118
103	118
104	118

105-107	118
105	108
107	108
108-135	108, 118
125, 18	197
132	118
135	203
136ff	109
136	108, 118, 203, 228
138	118
146	118
148	118
171, 7f	228
172, 6	111
181f	197
243, 12	108f
302	197
338, 20	197
339, 1	197

Sophia Jesu Christi (SJC)

BG 3	171
BG 118, 15-17	178
SJC 78	114
80, 4-82,18	114
83, 5-87,7	114
85, 4	437
85, 15	439
86, 16-87,1	646
87, 13-89, 20	114
89, 3-8	109
90, 4-93,12	114
90, 7	647
90, 13f	109
93, 17-98,7	115
94, 19ff	646
96, 12-19	646
98, 15-100,2	115
98, 18 -99,2	646
99, 10ff	639
100, 3f	110
100, 10f	109
100, 10-102,6	115
102, 7f	110
102, 15-106,9	115
102, 17	649
103,7f	639
105, 12-14	441
106, 15-114,11	115
107,13f	110
107, 18f	109
108, 17-114,11	115

114, 1-117,12	115
114, 12f	110
118, 1-126,16	115

JÜDISCHE STELLEN

Bamid bar r.c.

14	137A)

Berach.

61a	137(A)

Beresch

r. 8	138(A)
r.c. 8.14	137
r.c. 11	137
r.c. 14	138(A)

Chag. f.

12	137
15a 2	160

Eccl. R.

II 14	159

Gen r. I 3 ad Jes

44, 2	159
I 4.7	159
I 5	168
I 10	160, 168(A)
VIII 8 ad Gen 1, 26	159

Gen. R.

17, 5	159

MEx

20, 2	159

Pesckhta

34a	138(A)

Midrasch Qoh

r. I 8	160(A)

Pal. (Jer.) Talmud

Pea 1. 1	410

Sanh

f. 38f.	137

Sanh		MirM III M	
38b	137, 138(A)	7, 77-80	236
b. Sanh.		MirM III M33 I R	
38a	159	II, 14-20	236
		MirM III M 38	
Schem		V II, 82f	236
r. 30	138(A)		
r. 32	138(A)	Oden Salomos (OS)	
		3, 1	511
Targ Jer.		3, 3	328
I	138(A)	3, 6	511
		3, 9	512
Targ. Jonathan ad Gn		3, 10	532
1, 26	138(A)	3, 11	528
		4, 4	511
1 Hen		4, 10	513
42	27, 163, 166f	4, 14f	506
		5, 3ff	534
ÄthHen		5, 4	515
42, 1-8	177	5, 5	516
slav. Henoch Rez A. Kap		5, 8f	513
8	161(A)	5, 9	509
Kap		5, 11	507
18	161(A)	5, 12	512
Rez B.		5, 13	510
7	161(A)	6, 3	511
Rez B		6, 6	528
18	161(A)	6, 7	513
slav. Henoch		6, 8ff	515
30, 8	167	6, 13	512
33, 3ff	167	7, 1	511
		7, 3	511
Jes. Sir		7, 4	509
1, 1-5		7, 6	534
3, 1-9	185	7, 7	518, 528
3, 21-23	167	7, 9	506
11, 2ff	185	7, 11	515f
11f	185	7, 12	528
14, 20-26	188	7, 13f	505, 516
16, 1-3	185	7, 13	505, 516
24, 3-7	175	8, 2	11
24, 24	177, 182	8, 3	510
33, 13-15	185	8, 6	513
36, 13-15	186	8, 8	505, 515, 528
39, 6	181	8, 9	511
		8, 10	511, 528
MirM II M 11 R,		8, 12	505, 528f
24f	238	8, 14	529
MirM II M R Ü		8, 20	513
25	238	8, 21	513
MirM II M36 R		8, 22	650
22	237	8, 23	513

9, 3	518		17	507
9, 4	530		17, 1-9	505(A)
9, 7	528		17, 1	512
9, 8	512		17, 4	509
9, 9	512		17, 6	506, 511
9, 11	512		17, 7	505, 516, 528
9, 12	514		17, 8ff	506, 534
10	506		17, 8f	516
10, 1	512		17, 8b. 9-11	516
10, 2	512		17, 11	510
10, 5	515		17, 12	505, 528
10, 6	512		17, 13	511
11	518		18, 1-15	505(A)
11, 1	511		18, 3	505
11, 3	506, 515f		18, 4	513
11, 4	505, 528		18, 5	516
11, 5	510		18, 6ff	506
11, 6	513		18, 6f	506
11, 7	515		18, 6	510, 532
11, 8	529		18, 7	509, 513f
11, 11	511f		18, 8	532
11, 12	511		18, 9	528
11, 15f	522		18, 10	515, 532
11, 15	510		18, 11ff	506
11, 16	514		18, 11	505, 529
11, 16b	511		18, 12	509
11, 18	512f		18, 14f	515
11, 19	512		18, 14	530, 532
11, 21	509		18, 16	511
11, 23	511		18, 18	515
11, 24	512		19, 5	516, 528, 534
12	506		20, 6	511
12, 2	511		20, 7f	512
12, 3	505, 512, 528		20, 9	512
12, 4	516		21, 1-7	505(A)
12, 7	512		21, 1	513
12, 10	528		21, 2	506, 510
12, 13	512, 528		21, 3	510, 512
14, 4	513		21, 7	520
14, 5	509		22	518
14, 6	511		22, 1ff	506
15, 1-3	520		22, 1	506, 509
15, 3	512f, 528		22, 4	510
15, 5	528		22, 5ff	506
15, 6	515, 532		22, 5	510
15, 7	511		22, 6	513
15, 9	506, 514, 534		22, 7	506, 509, 513, 516
15, 10	512f, 529		22, 11	506, 516
16	506		23, 4	505, 528
16, 5	512		23, 5	509
16, 12	528		23, 6	534
16, 19	516		23, 7	509

23, 10	509, 528	31, 12	509
23, 13ff	516	32, 1	512
23, 15	516	33	517
23, 17	509	33, 3f	506
23, 18	507	33, 3	514
23, 20	515	33, 4	509
23, 21	509, 513	33, 8	515f
24, 5	534	33, 13	516
24, 6ff	534	34, 4	509, 511
24, 9	513	35, 1f	516
24, 10	506, 513	35, 5	505
24, 13	516	35, 6	511, 516
24, 14	528	35, 7	509
25, 1-12	505(A)	36, 2	512
25, 1	510	36, 3	507, 520
25, 2	513	36, 4	511
25, 5	534	36, 5	511
25, 7	512	36, 7	516
25, 8	511	36, 8	510, 520
25, 11	513	37, 1f	514
26, 7	516	37, 1	513
26, 13	510, 513	37, 3	511
28, 4-19	505(A)	38	180, 506f, 509
28, 4	514	38, 1f	506, 515
28, 6	512	38, 1	509
28, 7f	506	38, 3	512
28, 8ff	534	38, 6f	515
28, 8	515	38, 6	510, 532
28, 10	506	38, 7	514, 528
28, 12	511	38, 8	515, 532
28, 13	529	38, 11-14	514
28, 15	509, 513	38, 10	515, 532
28, 16	509f	38, 12	514
28, 19	530	38, 12f	516
29, 1-9	506	38, 15	515
29, 2ff	506	38, 16-21	524
29, 2	512	38, 16	513
29, 3	511	38, 17-21	522
29, 4	509, 514	38, 17	511, 516
29, 7	512	38, 18	509, 511
29, 8ff	534	38, 19ff	513
29, 8	514	38, 21	513, 528, 530
29, 9	514	39	506
30, 1	513	39, 2	509
30, 2	513	39, 7	516
30, 7	512	39, 8	513
31	506	39, 9ff	516
31, 1	510	39, 13	516
31, 2	515, 532	40, 2	513
31, 3	512f	40, 5	510,
31, 7	512	40, 6	512
31, 8	515	41, 1	512

41, 3	512
41, 4	512
41, 6	512
41, 8	505(A)
41, 9	506, 515
41, 10	514
41, 11-16	518
41, 13	516
41, 14	512
42	506
42, 3	528
42, 5	515
42, 7	515
42, 8	529
42, 9	509
42, 11ff	506
42, 11f	514
42, 11	514
42, 12	509
42, 14	512
42, 16	510, 534
42, 19	514
42, 20	513

1 Q H I,

5	520
17	526
18	533
20	526
21	529, 533
22	531
24	533
26	526
31	529
35	529, 533

1 Q H II,

1-37	534
8f	534
10	529
12f	534
13	526
14	531
16f	533
16	534
17	529
18	520, 526
19	531
25f	534
27f	534
29	534
32	533
38	521

1 Q H III,

1-11	534
6	534
9	533
12ff	534
16	532
19ff	534f
20	532f
22f	526
24	532
25	532f
26	532, 534
28	534

1 Q H IV,

5	520
7	529, 532
10	532
11	521
12	531
13	533
14	531
16	531
17	532
19	533
20	531
25ff	526
25	532
27f	520, 526
30	532

1 Q H V,

5	520
6ff	534
7	533
8ff	533
9	530, 533
26ff	526, 534
26	520, 526, 529f, 533
32f	531
32	532
34ff	521

1 Q H V,

5	520
6ff	534
7	633
8ff	526
8	534
9ff	534
9	530, 533
13	533
18f	533
19f	534
20ff	534

25	532	14f	534
26ff	526, 534	14	520
26	20	16ff	524
32f	531	18ff	526
32	532	20	520f, 533
33	534	21ff	524
34ff	521	21f	521
36f	534	24f	521
39	534	26	521
1 Q H VI,		28	532f
3ff	534	31	534
7	533	1 Q H IX,	
9	531	3ff	534
12	531	4	533
15f	521	9f	531
15	521	23	526, 530
17f	520	26	531
17	520f, 533	28ff	534
20	533	35	531
21	531	1 Q H X,	
22ff	534	4	526, 530
22	532f	20	531
24	534	25	521
27	533	27f	526
1 Q H VII,		27	529, 531
2f	534	31	520
3	532f	32	533
6ff	534	34	533
7	532	1 Q H XI,	
9	524	4	526, 529f
11f	532	10	529
18	530	11	531
19	521	12	529
24	531, 534	14	526
25	531	15	531
26f	526	16	526, 530
27	526	19	520, 532
29f	531	22	532
1 Q H VIII,	521	23	519
1ff	522	25	529
4ff	521	28	526, 529f
4	534	1 Q H XII,	
5ff	524	10	526
6ff	522	11f	526
6	520f	11	529
8	520f	12	530
9f	521	13	520, 526, 529f
9	521	14f	531
10f	524	20	529
10	521, 531	22	529
12	520f	25	520
13	533	26	531

29	520	9	572
33	529	III, 13-IV,	
34	533	26	531
1 Q H XIII,	526	13	531
13	526, 529f	11	572
14	529f	1 Q S IV,	
16	532	20-22	522
19	529	27	520
1 Q H XIV,		1 Q S V,	
2	531	13-14	522, 572, 578
8	529f	1 Q S VI,	
11f	526, 531	16f	522
12	529	20	521
13	526	1 Q S VIII,	
14	532	10ff	525
15	526	1 Q S IX,	
24	532	17	525
25	526	18f	525
26	533	1 Q S X,	
1 Q H XV,		12	520f
12	529	1 Q S XI,	
23	526	3	520
25	531	8	521, 524
26	533	15	530
1 Q H XVI,		19	526
10	526	1 Q M I,	
1 Q H XVII,		1	531
9	526	3	531
10	530, 533	9	531
17	526	11	531
18	533	13	531
21	529,533	1 Q M X,	
1 Q H XVIII,		11-15	526
1-3	531		
1	529	Sap Sal (Weish)	
6	531	2, 1-20	185
7	533	2, 3	164
10	520	2, 13	164
13	533	2, 23	164
15	521	5, 13	166
23	526	6, 19	181
29	531	7, 15	166
30	531	7, 25ff	181
1 Q S	504, 525	7, 28	164
1 Q S I, 16-II,		8, 5f	175
18	522	8, 14ff	166
I, 9	531	8, 17	181
II, 9	531	9, 1ff	163(A), 181
1 Q S III,		9, 1-3	166
1-8	578	9, 1	175
4-12	522	9, 10	176
4	572	9, 13-18	174

9, 17	176	68, 18	510
10-19	182	71, 17	516
10f	164	75, 17	510
10, 10	164	75, 23	510
16, 26	164	83, 9	515
h	7,12-18,1 175	83, 16	515
		85, 1f	510
4. Esra		90, 14	516
5, 9-10	177	104f	514
		114, 14	516
Test. Levi c.		114, 24	516
8	322	123, 22	509
		123, 31f	516
		128, 4f	515
KORANSTELLEN		132, 10	515
		132, 12	515
		429, 24-27	448
Sure		431, 31	515
2, 62	351, 547, 615	449, 4f	486(A)
5, 69	351, 547, 615	449, 5	464(A), 466(A),
22, 17	351, 547, 615		486(A)
		449, 6ff	471(A)
		449, 7ff	472(A)
MANDÄISCHE TEXTSTELLEN		455, 10f	514
		457f	510
		458, 22f	512
Bleitafel, ed. Macuch		473, 28f	510
I a	417	473, 31	515
Z 72	417	474, 10	533
Z 174f	417	479, 7	511
I b Z32f	418	484	516
I c	417	485	514
Z 27ff	417	489, 7ff	513
Z 40ff	417	490, 8	515
Z 58ff	417	496, 9	511
II	417	507, 21f	533
III	417	508, 28	523
III a	418f	516, 12ff	510
III a Z 17f	418(A)	524f	615
Z 27	418(A)	543f	510
III b	419	549, 26f	510
IV	417	555, 18ff	523
Canonical Prayerbook (CP) Kol.		559	509
99, 4f	416	560, 12	560
119, 11	486(A)	567f	509
130	485(A)	571	510
192, 7ff	529	571, 3	510
Nr 357	484(A)	572, 25ff	510
384, 2	529	572, 29	509
Ginza l (GL) Lidz.		577, 35ff	510
13, 10	516	583, 27f	510
56, 13	516	584, 31	516

586, 17	511
586, 28ff	512
591, 6f	510
592, 20ff	510
593, 28	509
Ginza l (GL) Lidz.	
I	319
I, 2: 352	251(A)
I, 2: 433, 19f	499f
I, 4	495
I, 4: 443-452	499
II, 5: 416,35-	
462,3	447
II, 9	495
II, 10: 469,15ff	447(A)
II, 12	447(A)
II, 13 : 474f	447(A)
II, 15	495
II, 19: 489,	
27-30	499
II, 20: 440, 30f	447(A)
II, 21: 491f	499
II, 23: 495, 16f	447
II, 27: 501, 7f	499
II, 28: 502,	
25-28	447
II, 28: 502, 29ff	499
II, 28: 502, 33f	498
III	317
III, 2: 510, 5f	447
III, 3: 511, 14f	447(A)
III, 9: 513, 30f	447(A)
III, 12	495
III, 12: 340f	251(A)
III, 14	495
III, 24	498
III, 25: 344f	251(A)
III, 25: 550f	499
III, 28: 554f	498
III, 30: 557,	
25ff	499
III, 31: 558,	
2-7	498
III, 35	495
III, 38: 566,34-	
567,4	500(A)
III, 51	495
III, 51: 325f	251(A)
III, 56: 586, 9ff	498
III, 56: 533,	
30ff	498
III, 56: 577,	
11ff	498
Ginza r (GR) Lidzb.	
2, 3	529
2,19	529
10, 36	514
24f	471(A)
25, 7	484(A)
25, 10ff	484(A)
26f	466(A)
28f	469f
28, 4	449
28, 21ff	469(A)
28, 22	464(A), 469(A)
28, 27f	486(A)
28, 33f	487(A)
29, 9	464(A)
29, 27-23	466(A)
29, 27-21	486(A)
29, 28-30	466(A)
29, 199	469(A)
32, 12	509
33, 16ff	486(A)
39, 3ff	474(A)
43, 1f	484(A)
43, 21ff	484(A)
41f	523
46, 5	449
46, 38f	487(A)
47, 16ff	486(A)
47, 16-22	486(A)
47, 28ff	486(A)
48, 7ff	474(A)
49, 3ff	486(A)
49, 3f	514
49, 4	464(A)
49, 5f	464(A)
49, 8ff	467(A)
49, 13-15	469(A)
49, 16-18	467(A)
49, 19ff	467(A)
49, 19	487(A)
49, 23-29	467(A)
49, 30f	443
49, 144	471(A)
50, 6ff	471(A)
50. 15ff	486(A)
50, 20f	486(A)
50, 22f	486(A)
50, 27f	475(A)
50, 29	466(A)
50, 35f	473(A)
50, 150	472(A)

51	466(A)	225, 23ff	484(A)	
51, 28	466(A)	225, 25-226,2	484(A)	
52, 3ff	466(A)	227f	487(A)	
52, 5	487(A)	227, 10f	472(A)	
52, 32	464(A), 487(A)	227, 15ff	472(A)	
53, 5ff	467(A)	227, 25ff	472(A)	
59, 15ff	532	227, 26ff	487(A)	
59, 19f	524	228, 8ff	472(A)	
60, 1f	524	232, 3f	484(A)	
73, 18	513	232, 5f	484(A)	
79	509	243, 33ff	464(A)	
79, 29ff	487(A)	247, 34-37	486(A)	
80, 13ff	513	248, 8	464(A), 486(A)	
85, 17f	444(A)	264, 9	442(A)	
91, 7ff	487(A)	264, 11	442(A)	
91, 8	516	276, 3ff	484(A)	
114, 9	487(A)	285, 8ff	533	
115, 32ff	487(A)	300, 32f	511	
117f	442(A)	302, 7	442(A)	
123ff	513	303, 5f	511	
123f	514	303, 10f	516	
127, 10ff	515	313, 26	443(A)	
129	514	318, 21ff	524	
130, 23	442(A)	319, 22	443(A)	
132, 12-14	484(A)	330, 31f	511	
133, 13ff	472(A)	331, 3f	515	
133, 30f	515	338ff	485(A)	
134, 25ff	487(A)	367, 21	509	
134, 37-135,2	487(A)	374, 31f	471(A)	
135, 3-8	487(A)	375, 15ff	471(A)	
135, 8ff	484(A)	375, 16f	471(A)	
135, 20ff	484(A)	375, 27	472(A), 487(A)	
136, 10ff	471(A)	383, 12ff	472(A)	
136, 16f	472(A), 487(A)	383, 25ff	513	
143, 16-144,2	514	384, 34f	512	
169, 3	509	401, 5	514	
172, 13f	440(A)	402	442(A)	
172, 17	447(A)	405	514	
176, 34	440(A)	406, 19	464(A), 487(A)	
176, 38	447(A)	410, 10ff	485(A)	
183, 2	533	410, 18-22	485(A)	
186, 39ff	464(A), 486(A)	419, 9	484(A)	
187f	466(A)	423, 11f	523	
191f	475(A)	440, 9f	484	
192, 13ff	475(A)	444, 38	532	
206ff	532	449, 7	487(A)	
209, 6f	472(A)	546, 8	442(A)	
209, 7	487(A)	561, 15	442(A)	
220, 14	532	562, 1	442	
223, 12	486(A)	595, 1	532	
224, 15ff	472(A)	595, 19	532	
225f	484(A)	595, 34	532	

Mand Lit.		
10, 2f	510	
13, 6	440	
15ff	512	
15, 7	524	
19, 7	510	
25, 1	514, 533	
26, 5	515	
26, 8	515	
38, 4	516	
39, 4	510	
45f	510	
47, 1	513	
48, 2	513	
48, 11	513	
48, 12	509	
64, 11f	515	
65, 1	513	
66, 7	511	
69ff	512	
70, 10f	512	
75, 5	514, 533	
77, 7	515f	
78, 11	515	
79, 2	511	
80, 1	512	
80, 4	514	
81, 1	516	
84, 4	513	
86f	512	
90ff	512	
97, 2	531	
97, 9	516	
98, 3	516	
100f	510, 515	
106, 10	516	
114, 10	515	
125, 4	514	
125, 5	533	
127,5ff	438, 510	
129, 4	514, 533	
130f 12 f	475(A)	
132, 4	515	
134, 11	516	
135, 2	515	
136, 1	515	
136, 7	515	
137, 5	515	
138, 12	516	
141ff	512	
141, 5	513	
141, 3f	524	

144, 9	515	
144, 13	440	
149, 12	511	
153, 2	515	
155, 8	516	
156, 2	516	
156, 6	515	
156, 12	509	
158, 6	513	
158, 10ff	509	
165, 4f	515	
171ff	512	
171, 3	513	
178, 2ff	510	
190f	524	
191, 7	486(A)	
193, 3f	515	
193, 7	529	
194	524	
214, 2	516, 529	
214, 8f	515	
219f	513	
226, 13f	529	
232, 1	529	
251, 4	529	
252, 5	529	
260, 3	513	

Sfar Malwasê

I, 1-256	352f
I, Anh. 257-289	353
I, 1.2. St. 1-106	353
I, 13. St. 168-179	353
I, 14. St. 179-195	353
I, 15. St.	353
I, 17. St 196-206	353
I, 18.-29. St	353

MANICHAICA

Cairensis Gnosticus(CG) Bd

II	640
II 2, 5	648
II 4, 1f	638
II 4, 5f	639
II 5, 11	639
II 6, 1ff	638

II 6, 2ff	647		64f	235
II 6, 33ff	644		64, 4-65,22	655, 749
II 7, 19	649		68	752
II 8,28-9,3	640		74-99	750
II 10, 9	641		80	585(A)
II 10, 17f	639		82, 23-83,13	696
II 14, 1ff	649		84f	585(A)
II 14, 23ff	642		86ff	696
II 20, 17ff	645		87f	586(A)
II, 20, 19f	645		88-101	750
II 22, 18	645		89f	586(A)
II 23, 23f	639		89, 7	695
II 24, 11	645		91f	586(A)
II 24, 15-17	642		91	585(A)
II 25, 1	644		91, 16f	695
II 25, 23ff	646		92f	585(A)
II 26, 13ff	646		93f	696
II 27,33-28,5	646		93, 97	586(A)
II 30f	640		94ff	601
II 30,11-31,28	649		94, 12ff	695
II 30, 32ff	649		96, 12-97,10	695
II 31, 28ff	650		97, 11-17	696
III	640		98, 1-8	695
III 7, 12-18	639		100, 1-101,3	696
III 7, 23f	639		102, 11-16	696
III 9, 8ff	638		103, 4	695
III 11, 6f	649		110, 7	695
III 14, 22	649		104	750
III 15, 11	641		121-128	246(A)
III 15, 20f	639		130-132	246(A)
III 21ff	642		137-140	246(A)
III 21, 1ff	649			
III 25, 10ff	645		Hom	
III 27, 2-4	647		4, 9.27	238
III 28, 3	640		11, 4ff	649
IV	640		18, 3	237
IV 8, 28f	638		25, 6f	238
IV 12, 15ff	649		68, 18	644
IV 23ff	642		75, 31	237
IV 31, 23f	645		42-56	751
IV 46ff	640			
IV 46,23-49,9	649		Kephalaia (Keph) c.	
IV 47, 19ff	649		1	235, 682
IV 49, 6ff	650		3-8	119(A)
VI 1,1-12,22	636		4	652
			5	652
Kölner Mani Kodex (CMC)			6	622, 682
9, 80	586(A)		6: 30,31-33,1	622
12, 1-5	601(A)		7: 35f	645
22f	234, 236		8: 2-4	652
23, 1-15	655		8: 36ff	651
58f	235		8: 37,14f	272

9: 24-27	652
9: 37ff	236
10	651
10: 42ff	651
11	119(A)
11: 1ff	652
11: 237	237
12	620, 682
13	119
13: 30-34	683
14-16	676
15: 11f	642
15: 11	644
15: 12-13	643
16-19	119(A)
16: 19f	676(A)
16: 29-31	677(A)
20	119(A)
20: 13f	646
21	119(A)
21: 19	646
24: 1	639
24: 19	649
25-31	119(A)
25: 76,19f	647
27	622
27: 5	640
27: 77,29-78,1	622
28: 31	649
28: 35-29: 6	646
28: 80, 25-29	640
29: 1-6	653
29: 29f	641
32-37	119(A)
33: 9f	641
34: 21ff	638
34: 27-29	639
35: 14ff	639
35: 18-24	717
35: 19.21.25.28	648
35: 22	718
36: 6-9	677(A)
38	108, 645, 718(A)
38: 89-102	717
39	119(A)
39: 19-21	646
40	119(A)
41	119(A)
41: 8	717
41: 105f	653(A)
43	108
43: 29	639
44-48	119(A)
44: 8f	639
44: 12f	717
46: 117	653(A)
48	108
49: 29	644
52-54	119(A)
54: 9ff	646
55-57: 133ff	642
55	142(A)
55: 136, 1ff	641
56	119(A)
57	108, 112
58-61	119(A)
60	652
61: 29f	646
61: 152, 7-10	237
63	717
64f	638
64	644, 663
64: 8f	717
64: 9f	718
64 : 23f	646
64: 157, 18f	645
64: 157, 26-32	644
66: 165, 1ff	653(A)
67: 156f	651
69: 166ff	236
71: 20	638
71: 25	638
71: 29f	638
71: 71	639
72	119
76	235, 247f, 682, 750
76: 18ff	646
76: 184	235
76: 185, 14-17	248(A)
76: 186, 6-8.25-27	248(A)
76: 187, 16-20	248(A)
77	652
77: 29	641
78f	652
80: 18f	717
82: 1-3	638
82: 22	718
82: 34	649
83: 1	649
83: 200-202	717
84	108
86	112
87: 13ff	682

88	112	3, 21	677(A)
89f	108, 390(A), 407, 620, 646	3, 22	236
		8, 22f	238
89	682	9, 3f	677(A)
92: 7	648	14, 14	677(A)
94	652	16, 28	237
95	119(A)	17, 1-4	645
95: 20-23	645f	18, 3	237
98	119(A)	20, 21	677(A)
102: 255f	645	21, 7ff	236
103	645	24, 16f	677(A)
104: 6ff	653	25, 1f	236
105f	653	25, 30f	677(A)
109: 262ff	236	26, 6-8	237
115	766	27, 21f	237
119: 1	638	32, 17	677(A)
133: 14f	642	36, 14ff	677(A)
134: 4	642	37, 28	237
135: 15ff	642	40, 13	645
135: 21ff	642	49, 30f	677(A)
136: 3f	641	53, 30	645
136: 29-31	640	54f	649
137f	642	56, 12	677(A)
137: 15	641, 662	57, 20	677(A)
137: 23ff	641	57, 31-33	677(A)
138: 2-4	642	69, 26	677(A)
138: 17-18	642	75, 7-9	677(A)
138: 20	642	75, 28f	677(A)
142f	641	75, 29ff	643
142: 3	644	80, 23f	677(A)
142: 12ff	645	83, 25-28	237
143: 25ff	645	85, 19	677(A)
144	766	87, 11-13	677(A)
145: 27	644	100, 19	677(A)
145: 44.86	752	101, 13	677(A)
154	755	102, 30	677(A)
158: 21	642	113, 7	677(A)
162: 26f	237	116	647
163: 14f	236	126, 8	237
164: 28f	236	137, 45-47	646
180: 17f	640	142, 4	644
182: 20-28	652	142, 6f	645
185: 26f	645	142, 30	237
191: 21	238	145, 12f	678(A)
248: 28	236	146, 9	677(A)f
254: 8f	236	155, 25	648
254: 11ff	236	160, 18f	647
254: 21	236	162, 23-25	645
289: 29	648	162, 29	678(A)
		164, 13	647
Koptisches Psalmbuch (Ps-b)		166, 19f	677(A)f
1, 7f	237	167, 64	648

179, 23f	644
184, 32	677(A)f
185, 4f	237
185, 14	647
210, 5f	648
219, 15	647

Ps

10	641
32, 17	645
32, 23f	651
32, 28	638
139, 29	651
145, 8	638, 640
160, 18f	645
185, 14f	645
199, 5	638
211ff	646
II, 6: 142,17-	
143,14(Allb)	636

Xuastvanift Xvc,

pp 198f	767

NAG HAMMADI TEXTE

EpJac / ApkrJak NHC I

2	179, 250(A), 270
5f	271
11, 1	260

EvVer / EV NHC I

3	172
16, 35f	647
17, 14-17	649
18, 15ff	649
20, 25-34	271
22, 1-9	440
22, 1ff	44
24, 33-25,19	23
26, 19ff	649
28, 16	443
30, 12-23	271
31, 4-6	271
34, 1-18	442
41, 26	443
42, 34f	443

Res/Reg NHC I

4	250(A), 271
44, 13-36	271
46, 21-24	645

47, 38-48,3	650
49, 34-37	651

TractTrip NHC I

5	172, 197, 203f
60, 13f	439
62, 8f	439
62, 22	439
62, 30	439
62, 38	439
64, 3	443
66, 11	439
71, 20	443
74, 10ff	443
87, 15f	437
113, 5f	197
113, 32-34	271
114, 33-36	271
115, 3-11	272
II, 127, 25ff	453
II, 128, 19-26	453

AJ NHC II

1	250(A)
11, 17	641
30f	180(A)
30, 11ff	445
31, 14ff	445

EvThom NHC II

2	228
22, 37	282
24	650
52	203
77	650
114	75(A)

EvPhil NHC II

3	25, 200, 212f
52, 21-24	261
62, 31f	261
64, 22-27	261
67, 26f	261
74, 13-16	261
75, 32-34	261
83	22, 450
103, 29-33	642
111, 21-23	654(A)
113, 29-31	640
119, 1-3	650
119, 22	643
120, 30	451
122, 29f	451
122, 2ff	643
123, 18.22	651
123, 23f	451

125, 7f	451
125, 36-126,6	442

HA NHC II

4	171, 178, 200, 202, 206f, 326, 444
86f	230
137, 26f	642
141, 13.24	443
144, 19ff	652
144, 30ff	653
145, 15	443

SOT / SoT NHC II

5	199f, 202f, 206f, 435, 444, 640, 643
102, 8f	197
107f	230
108, 2-109,2	663
112, 24	197
148, 25f	641
153, 20-23	652
153, 23-31	649
156, 2-157,1	641
156, 12	642
156, 23	640
156, 25	640
158	643
158, 6f	640
158, 31-33	645
158, 33	643
159, 29ff	640
160, 10-13	640
160, 25-161,12	642
162, 24-163,5	642
164f	643
164, 7	639
164, 28ff	643
164, 33-165,14	642
165, 28-166,5	642
166f	643
167, 1f	645
167, 11f	643, 645
167, 17	642
172, 25-173,1	652
172, 25ff	652
172, 32-175,17	653
173, 3ff	652
174, 35-175,10	653

ExPsych NHC II

6	197, 200, 201(A), 203, 205, 250(A), 443
129, 8	193, 197

129, 22f	197
130, 11	197
132, 13f	442
133, 1	197
133, 16	197
134, 15f	197
135, 30	193, 197

LibThom / ThAthl NHC II

7	179, 227, 435
138	21
138, 1ff	227
139	22
139, 37	441
143, 27	441
143, 36f	442
144, 20	442

NHC II

22, 10f	113
22, 21f	113
25, 16f	113
26	114
26, 7ff	114
26, 22ff	114
27, 12f	114
27, 21ff	114
27, 31f	114
31, 34ff	114

AJ NHC III

1	171, 207, 250(A)
10, 10ff	644

ÄgEv NHC III

2	171, 201(A), 292f, 226, 449, 451
54, 20	449
61	446
61, 9f	446
64, 1ff	449
64, 11f	456
65, 25	456
67, 22	437
67, 23f	456

Eug NHC III

3	171, 196(A)

NHC III

4	171, 228
78, 1f	228
79, 7f	228

Dial / DialSot NHC III

5	171, 178, 196(A), 226, 229, 443
120-124	250(A)
120, 22ff	442

129, 21	196(A)
132, 6f	439
134, 5f	453

NHC III

29, 2ff	113

NHC IV

1	171, 207, 250(A)
46ff	180(A)

NHC V

1	171

ApkPl NHC V

2	250(A)
19, 10	645

1 ApcJac NHC V

3	171, 250(A), 270
1, 2, 19f	227
25, 7-9	270
25, 15f	438
25, 27f	446
26, 23	446
30f	213
30, 1-6	270
33, 2-21	448
33, 11-35,25	214
33, 21ff	450
37, 17-20	270

2 ApcJac NHC V

4	232, 250(A), 270, 443
44, 11-20	228
47, 21ff	271
49, 16-21	213
51, 7-11	213
54, 10-15	215
55, 15-56,13	215
57f	213
57, 24ff	271
58, 14-17	270
60, 14-23	215
62, 16-63,30	215
62, 16-29	450

ApcAd NHC V

5	207, 326, 451, 456
67ff	446
69ff	644
69, 20f	442
71, 9	442
73ff	446
73, 15f	644
74, 3.7	641
75, 18ff	442
77, 27-83,4	651

81, 16f	442
81, 23	442
82, 18f	641
83, 5-7	453
83, 7	442
83, 16f	641
84f	456
84,5	453
84, 8.18	456
85, 22-25	453

NHC VI

1	
9, 1-19	228

Bronte NHC VI

2	179, 181, 196(A), 325(A), 443, 610

AuthLog NHC VI

3	179, 196(A), 250(A), 436
23, 13ff	446
24, 14ff	441
28, 24	440
32, 9f	447
32, 16f	447
32, 17ff	447
33-35	213
33,1	441
33, 1f	447
33, 31f	447
35, 15	440

Noema NHC VI

4	171, 196, 201(A), 203, 436
37, 7ff	453
37, 30ff	446
38f	446
40, 1ff	441
40, 9ff	446

Disc NHC VI

6	
8-9	250(A)
55, 10-14	196(A)
60, 10f	440
63, 11	441f

NHC VI

8	
70, 17-21	196(A)
71, 22f	196(A)

ParSem NHC

1	202f, 229, 326, 436, 441, 449, 451
1, 28f	443

2ff	452	49, 11	438
2, 6ff	443	49, 14ff	449
5, 13	442	50, 10	438
10, 4	443	50, 22f	438
12, 8	438	51, 20ff	447
12, 22ff	438	52, 3ff	449
12, 23	438	52, 8f	437
14, 4f	444	53ff	445
15, 12-16	444	53, 9-55,9	444
15, 16ff	444	53, 14f	446
15, 28-34	444	54, 6f	438
16, 4f	444	54, 24	444
18f	444	55, 9-56,21	270
18, 2ff	444	55, 9f	445
18, 3	438	56-59	447
18, 4f	438	56f	447
18, 9ff	438	56, 21-57,2	445
19, 24	444	57	444
19, 33ff	438	57, 5f	438
24, 21-24	443	57, 7f	438
27ff	438	57, 27-58,4	448
28, 1-19	203	58, 4-11.13-	
29, 17	451	59,9	448
30-32	451	58, 16	453
30, 21-31	451	58, 18	446
31, 15f	451	59, 20ff	447
31, 17ff	452	60, 15ff	270
31, 22ff	451	60, 19	440
32, 5ff	452	61, 1	438
33, 2	438	61, 3	439
33, 15	438	62, 27-34	444
33, 30f	442	63, 26-31	201
36, 25ff	452	69, 20ff	449
37f	451	69, 33	448f
37, 14f	452	**ApcPetr NHC VII**	
37, 19-35	452	**3**	
37, 26	451	70, 23f	439
38, 3-9	452	76, 15ff	439
38, 12f	452	76, 23ff	439
38, 18	441	78, 4f	437
38, 19ff	452	78, 25f	440
38, 22-29	452	80, 17f	440
39, 10	443	84, 12f	228, 232, 270
39, 16f	439	**Silv NHC VII**	
43, 21-24	443	**4**	179
45, 29	441	101, 22-102,5	271
48, 11	441	**3 Stel Seth NHC VII**	
2 LogSeth NHC VII		**5**	171, 229, 438, 449
2	197, 199, 201(A),	120, 14f	438
	203, 226, 232, 270,	123, 18f	438
	274, 326, 436,	124, 30	438
	449	125, 30	438

Zostr NHC VIII

1	46, 171, 196(A), 229, 250(A), 326, 436, 439, 451, 454-456
3, 29	437
4, 21-23.31	437
5f	454
5, 28f	454
6ff	454
6, 7-20	454
7, 1-18	454
7, 9-15	454
7, 16-21	454
15f	454
15, 3-6	455
15, 7-9	455
17, 1-3	455
17, 12	439
18	455
22, 22	455
23, 5ff	455
24, 19ff	455
25, 9ff	455
55, 15-22	454
55, 25f	454
62, 25	455
63, 23	455
64, 13ff	455
68, 24	439
70, 4	439
73, 10	439
74, 11	439
75, 8	439
75, 17	439
85, 22	439
86, 17	439
126, 16	449
130, 16f	449

Ep Petri et Phil. NHC VIII

2	
138f	270
139, 15-28	270

Melch NHC IX

1	203, 271
1, 1	271
5, 1-11	271
27, 8	437

Nor NHC IX

2	
28, 27f	441

TestVer NHC IX

3	63, 197, 199, 201(A), 232, 274
23, 27	197
30, 2	197
30, 25-31,5	261
31-34	214
31, 2f	452
31, 3-5	452
31, 23-32,5	261
40f	203
44, 23-45,6	214
44, 23f	214
45, 23	197
48, 16	197
48, 19f	197
48, 27-49,7	198
50, 3ff	197
50, 5f	197
69, 8-24	452
69, 15-21	453
69, 22f	453

Mars NHC X

1	196(A), 250(A)
41f	447(A)

Int NHC XI | 274

5, 30-33	272
12, 15-18	272
14, 20-25	272

ExpVal NHC XI

2	25, 172, 226, 283

Allog NHC XI

3	47, 196(A), 226, 250(A)

Hys NHC XI

4	196(A)

NHC XII | 24(A)

NHC XII

1	179

NHC XII

2	172

Prot NHC XIII

1	171f, 180(A), 226, 229, 326, 436, 443, 445, 451
35f	440
36, 6f	456
36, 32ff	439
37, 2f	437, 455
37, 16	440
37, 17f	439